신화를 삼킨 섬
흑룡만리 黑龍萬里
송 수 권
1940—2015

국립중앙도서관 출판예정도서목록(CIP)

흑룡만리 : 신화를 삼킨 섬 : 송수권 시집 / 지은이: 송수권
. -- 대전 : 지혜, 2015
    p. ;   cm. -- (지혜사랑 대서사시집 ; 005)

한자표제: 黑龍萬里
ISBN 979-11-5728-160-2 03810 : ₩20000

811.7-KDC6
895.715-DDC23   CIP2015028811

지혜사랑 대서사시집 005

신화를 삼킨 섬
흑룡만리 黑龍萬里

송수권

눈물겹고도 강력한 새로운 서정의 힘 송수권의 시 속에 티끌, 눈썹, 미루나무 이파리, 생선비늘처럼 '작은 것'들은 고통받거나 삶의 마지막 거점이거나 또는 그 고통과 삶의 떠도는 파편들이다. '큰 것'은 그 반대편에 있다. '큰 것'이란 지리산, 섬진강, 바다, 남해군도, 세석철쭉꽃밭, 만경들 같은 어휘들처럼 국토의 이미지와 결부 되어…… 하고, 만남, 흐름, 섞임, 열림, 일어섬, 추스름, 밀어올림처럼 일정한 지향성을 갖는 동사들에 실려서 눈물겹고도 강력한 새로운의 서정의 힘을 이룬다.
— 1989년 3월 26일 《한국일보》, 「명작의 무대, 76」

남도의 질박하면서도 애상적인 전통가락을 노래하는 시인 중키에 검은 얼굴의 시인 송수권(50), 그는 75년 『문학사상』의 신인상에 「山門에 기대어」 등 다섯 편이 당선되어 시단에 등단했다. 전남 고흥에서 출생, 순천사범을 거쳐 서라벌 예대를 졸업한 그는 현재 광주 효광여중에서 교편을 잡고 있다. 송수권의 시는 토속적인 언어로 전통의 정서를 구사한다. 얼핏보면 거북하기까지 한 전라도 사투리가 끼어 있으나 그 안에는 남도의 산과 들판, 골짜기와 시내를 꿰뚫어 보는 시인의 생기生氣가 담겨 있다. 남도의 질박하면서도 애상적인 전통가락을 노래하는 시인이 바로 송수권이다. 시 「山門에 기대어」는 동생의 자살을 소재로 삼은 대표작이자 출세작이다. 학술원 회원이며 전 서울대 교수요 평론가인 김용직은 심사소감(1975. 2, 『문학사상』)에서 "법화경에서 터득했음직한 불교정신 또 저 월명사나 충담사의 향가정신에서 오는 신성화된 삶의 부활의지로써 면면한 가락을 감지할 수 있었다"고 쓰고 있다.
— 1991년 2월 『月刊朝鮮』, 「작가의 고향 고흥」 탐방

오늘의 우리 시단과 출판계에 던지는 애틋한 '시인의 공개장'이다 분단의 역사와 아픔과 한을 조명한 시인들의 작품이 우리 문단에서 처음으로 정리, 집대성되어 평가를 받고 있다. 지난달 27일 간행된 『분단시선집』은 한국전쟁 이후 34년 동안 이 땅의 시인들이 분단을 주제로 쓴 시를 추려 한자리에 묶은 460페이지의 작품집, 우리 문학사에 또 하나의 맥을 잇는 분단시사로서 큰 의미가 주어지고 있다. ……이 글은 『분단시선집』을 펴낸 광주의 시인 송수권 씨가 작업을 끝내고 서울의 한 시인에게 보내온 편지의 전문. 오늘 우리 시단과 출판계에 던지는 애틋한 '시인의 공개장'이다.
— 1984년 7월 3일 《조선일보》

휴지통에서 나온 시인 동생의 죽음에 바쳐진 엘레지 「山門에 기대어」, 충격 끝에 사찰 떠돌이 생활, 거지 흥얼거림에 자살 포기, 휴지통에서 나온 시인
— 1991년 6월 17일 《동아일보》, 「自傳에세이-나의 길」

미당 서정주와 함께 우리나라에서 가장 많은 토속어를 발굴한 시인 남도가락이 구성진 순수 서정시들을 발표하면서 문단의 주목을 받아온 그는 미당 서정주와 함께 우리나라에서 가장 많은 토속어를 발굴한 시인으로 꼽힌다. 데뷔작 「山門에 기대어」나 「지리산 뻐꾹새」 등을 보면 우리 언어가 얼마나 아름답고 우리 정서가 얼마나 귀한 것인가를 대번에 알 수 있다.
— 1998년 5월 19일 《서울신문》

그의 30년 시세계는 은근하고 너그러운 남성의 남성적 목소리가 더해졌다. 송수권(65) 씨는 올해 데뷔 30년을 맞는 대표적 중진시인이다. 그가 펴낸 민속시선집 『우리나라 술과 새들』은 선배 시인인 미당 서정주와 시적 혈연 관계에 있다. 자연, 생명, 민속, 불교라는 열쇠말이 공통적으로 깃들어 있는 것이다. 송 씨의 이번 시집에는 그 같은 열쇠말들이 담긴 시들이 병풍처럼 둘러서 있다. 그의 30년 시세계는 은근하고 너그러운 남성의 남성적 목소리가 더해졌다.
— 2005년 10월 27일 《동아일보》

중앙 패권화에 찌든 작금의 문학을 나무라는 소리가 섬뜩하다. "시란 무엇이랴? 자기 영혼을 응시하지도 못하고 가장 부도덕한 방법으로 문화패권주의에 편승, 민족이란 이름으로…… 전리품만을 사냥하는 노욕으로 찌든 시인들이 얼마나 많이 솟아났던가……중앙의 중앙화를 보듬고 귀족 행세로 충성 메모로 대가연大家然하는 그 행태에 우리들은 얼마나 억장이 무너졌는지도 모른다." 설악산, 계룡산, 지리산 한 자락씩 보듬고 아름다운 서정을 일군 변방의 시인" 셋 중 한 명이 먼저 가서 억장이 무너지는 비통함 때문인가? 정치 현실과 패거리 그로 인한 중앙 패권화에 찌든 작금의 문학을 나무라는 소리가 섬뜩하다. 그러면서 '이 시대의 불경스런 협잡에 걸리지 않고…… 살다간 고인의 시의 길을 따라 가장 깨끗한 시인으로 살아가는 것을 다짐하고 있다.
— 2001년 6월 26일 《중앙일보》

국내 처음으로 노벨문학상 개괄서가 나온다는 것 자체가 의미있는 일 최근 출간된 『노벨문학상 100년을 읽는다』(지성사)의 번역본을 감수한 송수권(순천대 명예교수) 시인은 노벨문학상 수상을 위한 국내문학계의 과제에 대해 이렇게 말했다. 6일 순천대 그의 연구실에서 만난 그는 '국내 처음으로 노벨문학상 개괄서가 나온다는 것 자체를 의미있는 일로 받아들였다. 그는 김소월, 한용운, 이육사, 신석정, 서정주, 박재삼 등의 대를 이은 국내 대표적 서정시인으로 전남 고흥 출생이다. 75년 「山門에 기대어」로 등단했다.
— 2006년 3월 7일 《세계일보》

시인의 말

기록이 달빛에 물들면 신화가 되고 햇빛에 바래어 지면 역사가 된다고 한다. 한반도의 남국에서 유일하게 창조된 한라 여신들이 빚어낸 신화의 땅에서 벌어진 4·3은 우리에게 무엇을 묻고 있는가. 제주에 와서 신화와 역사가 혼돈되어 현실의 캄캄한 동굴 속에서 분리되고 깨어나는 것을 보면 나는 두려워진다.

『애지』에 연재를 허락해 준 반경환 주간과 편집위원 일동에게 감사드린다.

2015년 10월 16일 화북포구에서
송수권

1부

신화를 삼킨 섬

천왕 닭이 세 홰를 치고
지왕 닭이 울어 날이 새자
바람 찬 날 어디서 온 것일까
망망대해 한복판에서 거대한 모습으로
설문대가 그 모습을 드러냈다

푸른 빛 바다와 어울리는 섬들을
만들기로 작심이라도 한 듯
치마폭에다 가득 흙을 퍼날라다
산을 쌓았다
치마는 낡고 헤어져 여기저기 구멍이 났지만
설문대는 아랑곳 하지 않고
그 구멍들 사이로 흙부스러기가 떨어져
오름오름을 이루어나갔다

흙을 너무 많이 집어 놓았다 싶은 곳은
주먹으로 봉우리를 탁 쳐서
균형을 잡아나갔다
봉우리가 꺾인 곳은 백록담
솥뚜껑 같은 봉우리가 날아가 앉은 곳은
산방산
솥밭 두 개가 떨어져 나앉은 곳은
가파도와 마라도가 되었다
신비로운 기운이 감도는 곳은 영실이었다

영실은 수려하고 아름다워 감탄을 자아냈다
깎아지른 절벽
병풍처럼 둘러싸인 암벽들 사이로
설문대는 아들들을 불러 모아
그날부터 5백 장군들을 놓아 먹여 길렀다
솥덕을 걸고 죽을 쑤었다.

그제서야 한라산을 베개로 허리가 쑤시면
잠자리 펴고 잠이 오지 않으면
저 멀리 관탈섬에 한 발을 걸고
고근산에 앉아 가장 따뜻한 곳
서귀포 바다에서 물장구를 쳤다

그녀는 산으로 바다로 바장이며
박지에 있는 커다란 박을 솥덕 삼아
밥을 짓고
우도와 가파도를 빨랫돌로
성산 일출봉 분화구를 빨래바구니로
등잔바위를 등불 삼아
밤늦도록 새끼들의 헤진 옷을 기웠다
빨래와 바느질
그녀의 손끝 발끝 하나
미치지 않은 곳이 없었다

>
바람과 돌과 척박한 땅
먹거리가 항상 부족해
봄비가 부슬거리는 날은 한라산에 올라
고사리 한 줄 꺾어 죽을 쑤었고
바닷가 몰*을 뜯어다 몸국을 끓여냈다
그녀는 갑자년 갑자월 갑자일 갑자시에 태어나
을축년 을축월 을축일 을축시에
국자로 죽을 푸다가 헛발 딛어
그만 죽솥에 빠져죽고 말았다
막내 아들이 솥바닥에서 죽은 어멍
흰 뼈들의 흔적을 보고 통곡하며
차귀섬까지 달려나가
선바위로 굳어졌다

늦봄이 오면 그때서야
오백 장군 흘린 피눈물은 한라산을 온통
철쭉꽃밭으로 물들여 놓았다
그녀는 왜 오백이나 되는 아들들을
낳아 길러야 했을까
바람 부는 날은 영실봉에
올라 보아라
아직도 좁쌀 죽粥 냄새가 끈하다

*몰(물) : 말(해조류)

흑룡만리 黑龍萬里*

우리항공에서 전세 낸 헬리콥터는 5천5백리
흑룡만리
한라산 중산간 마을들의 밭 다믈을 따라 돌고 있다
K 화백의 말에 따르면 불타버린 마을들의 돌담이 보이고
밭담을 두른 초원 지대의 조랑말 떼도 한가롭다

무장대를 따라 죽창을 들고 번을 선 새시방*도
산으로 주먹밥을 날랐던 가시어멍*도
지금은 모두 저 밭 다믈 안에 돌아와 한 가족으로 누웠다
더러는 살아남은 늙은 아낙들 그 돌담 안에서
가을 씨앗을 들이는지 수눌음*이 한창이다

추석 무렵의 소분*이 잘 된 어느 날 나도 머리 깎고 돌아와
저 무덤들 사이
一家를 이루고 싶다

헬리콥터는 산간 마을들을 돌아 해안으로 내려간다
공장 굴뚝 대신 해안 마을 부두 곳곳에 서 있는
붉은 등대들이 가을 바람에 깃발처럼 펄럭인다
멀리 우도와 가파도가 물파랑 속에 뒤집혔다 일어선다

천제연 폭포와 정방폭포를 보는 것이 탐라 천년
제주의 속살을 보는 듯하고
구럼비 마을 불도저의 흙먼지가 들썩이는 풍경이

지나 온 길 어느 밭담 안에서 본

납골당 무덤을 짓는 모습 같아 나는 잠시 외면한다

흑룡만리

바람타는 섬

물나라의 가을이 깊어 간다

* 흑룡만리黑龍萬里 : 고 김영돈 교수는 중국의 만리장성을 황룡만리장성, 제주의 중산간, 상잣, 중잣, 하잣, 밭담과 골목골목 돌담들의 5천5백리를 환해장성環海長成 흑룡만리黑龍萬里로 표현했다(잣:성城, 돌담).
* 새시방 : 새 서방.
* 가시어멍 : 장모.
* 수놀음 : 품앗이(두레, 수놀음이라고도 한다).
* 소분 : 벌초.

바람타는 섬

산 살림 갯 살림 먹을 것은 늘지 않고
오백 명이나 되는 아들딸은 배고파 징징거렸다
옷은 헤지고 다래 넝쿨로 엮은 정당벌립* 쓰고
말테우리로 산밭 고갯길 그 삼대 숲에
말 울음소리 들릴 때
하루 해 저물고
설문대 어멍은 한 발은 관탈섬에 걸고
한 발은 범섬에 고근산을 깔자리로 걸고 주저 앉아
먹감물빛 오늘도 빨래를 하고 갈옷을 깁는다
아우야 너는 이 설움 아느냐
우리가 누구의 아들이고 딸이라는 것을
그러니 외지에서 공부를 하고 온
네 형도 믿을 건 못 된단다

우리들 어멍이 빨랫돌을 두드리는 동안
바람 부는 날 저 영실에 올라보아라
그 아이들 헐벗고 서서 밥 달라 칭얼거리는
울음소리
네 귀가 있다면 듣고 두 눈이 있다면
똑똑히 보아라
이 아이들 몸에 어떤 잡신이 묻어오고
이 아이들 몸에 어떤 문신이 새겨지는가를

백록담에 흰 사슴이 뛰어놀고

노루목에서 암노루 수노루 캥캥거릴 때
올레길 담 구멍으로
제주 바다는 한밤내 소리쳐 울었다
소리쳐 울지 않는 날은 바람 불지 않는 날
바람 불지 않으면 영등 할미도
딸을 앞세우고 온다.
바람 불면 며눌아기 앞세우고
사나운 물길 거슬러 온다.
그래서 사시장철 바다는 설레었고
사람들은 그 바람 속에서 아기 구덕을 메고
몽생이 떼 몰며
흙을 다졌다

흙속에 씨감자를 넣고
설문대 어멍 잠시 허리 펴고 숨 고를 때
그 숨비 소리 오름 오름을 새어 나와
저 바다의 물 이랑에도 숨이 차서
그 소리 가득했다

오늘도 마파람이 우리들의 지붕을 더 튼튼히 얽는다.
하루의 휴식까지도 노동에 바치며
파도가 부풀며 높아진 때도 젖 빨리는 아이들은
구덕 안에서 자기 몫의 햇빛을 깔고 누워
빨리빨리 잠이 든다.

바다 밑 용문잠 같은 전복을 더 많이 따라고
지금 죽어가는 노인들도 더 빨리 죽는다.
아우야 너는 이 뜻 알겠느냐

네 자랐던 산남山南땅 토산 마을*
4·3 사건 때는 어린이와 여자들만의 마을로
국민반 반장도 우리는 그 윗마을에서
돌하르방 하나를 꾸어 왔더란다.
아우야 오늘도 마약 같은 안개가 다시 부풀고
흐린 바다는 수평선을 놓아주지 않는구나
아우야 너는 이 뜻 알겠느냐

저 유도화와 마주수馬珠樹 떼의 여름을 지나
이제 또 겨울이 오면
우리들의 무서운 잠과 하루를 최저로 살아
쌓아온 목숨들 그중의 몇 낱은
저 관목지대에까지 나가 묘지를 깔고 누워 잠들리라
결코 묘지 안에서조차 잠들 수 없는 눈썹
썩으세요 빨리 썩으세요 어머니
그 뻣세디 뻣센 말끝으로
갈옷에 뚝뚝 지는 핏물자국
아우야 너는 이 뜻 알겠느냐

아우야 오랜 슬픔으로 짝짝거리며 오는

저 뭍의 껌 씹는 계집애들 앞에서
만원짜리 관광으로 우리는 쉽게 길들여지는
조랑말이 아니란다.
그 보다는 우리들의 들먹숨 저 노란
유채꽃밭들의 대군단大軍團이 막을 내리고
어느 날 수평선은 느닷없이 메밀밭 고랑을 달려나와
우리를 놀라게 했을 때
마라도 끝 이어도를 넘어가던
네 삼촌의 뱃머리를 찾는 일이란다
사시장철 소금발이 쓰려서 우는 갈매기
그 갈매기를 따라가는 일이란다

아우야 사랑하는 아우야
그 어느 곳에도 길은 바다로 이어지고
우리는 바다 쪽에 귀를 묻는 일이란다.
죽을 때도 만조 때
바다에서 구덕을 메고 오는 어머니가 당도하기 전에
빨리빨리 죽어가는 일이란다
비탈길에 말똥이 피듯이
다공질多孔質의 돌담에
빗물이 빨리빨리 날아가 버리듯이

그 구멍 속에서 바람과 함께 솟아난 삼을나와
거센 파도를 헤쳐 온 벽랑국의 세 처녀와 짝을 이루는

한 피붙이로 해안 곳곳 마을 올레길을 만들고
이모가 되고 고모가 되고 누이와 함께 모커리에 살며
빙떡에 혼을 말아
천왕 닭이 울고 지왕 닭이 운 이후
변한 것은 아무것도 없단다.
아우야 사랑하는 나의 아우야
너는 이 뜻 알겠느냐

네 형이 버리고 떠난 산남 땅 토산* 마을
빈집 정낭엔
아직도 세 개의 걸대가 걸려 있구나

* 정당벌립 : 다래넝쿨이나 칡넝쿨로 만든 테우리들의 모자.
* 토산리(마을) : 4·3 당시 18~40살 청장년들이 한꺼번에 희생되어 '무남촌'으로 불리는 마을이다. 1948년 12월 18-19일 이틀 동안 군인들에 의해 표선 백사장으로 끌려가 희생된 토산리 주민은 125명(남자 101명, 여자 24명)에 이른다.

당구덕

일렛당 여드렛당 할망당에 다니는 오래된 집들의 벽에는 지금도 제물구덕이라는 바구니가 하나씩 걸려있습지요. 이 구덕을 당구덕 가는대구덕이라고도 합니다. 이 구덕을 쳐다 볼 때마다 내 손도 절로 비손이 되고 머리가 수그려집니다.

제주 여자들은 등에 짊어지는 것도 많아 애기구덕 나물구덕 물구덕 장구덕 씨구덕 바다로 나갈 때는 깅이구덕 태왁 그 중에서도 가장 소중히 하는 구덕은 당구덕 가는대구덕이라 해서 그 안에는 당할미에게 드리는 온갖 치성물이 들어있습니다.

집집마다 한 보시기 정도 시루에서 한 홉 정도의 쌀가루로 쪄내는 시루떡, 마개를 따지 않은 작은 오메기술병, 푸성귀도 마소나 사람이 다니지 않은 들판, 고사리 한 쿠렁도 무덤이 없는 곳, 하다 못해 콩나물도 머리가 온전하게 달렸고 꾸덕꾸덕 마른 생선 한 마리도 머리와 꼬리가 갖추어진 것, 과일도 흠집이 없는 온전한 것, 가슴에 품었다가 올리는 백지白紙 한 장도 얼룩이 없어야 하고 지전紙錢 한 잎 무명 색실도 타래가 엉킨 것은 치성물이 아닙니다.

할망당 여신들은 이처럼 값비싼 것, 화려한 것, 기름진 것은 먹지도 받지도 않고 가난하고 외로운 사람들의 편에 살아 천년 죽어 천년 서서 기다립니다. 앉아서 기다리고 누워서도 기다립니다. 동구 밖 인적이 없는 올레길 울타리 밖에서 기다립니다. 믿음과 정성으로 새벽 달 그림자를 밟고 오는 가난한 사람들을 기다립니다. 이렛날 여드렛날은 팽나무 아래 마중나와 꼬박 날을 새며 기다립니다.

순이삼촌

이웃 사촌이 논을 사도
배가 아프다는데
제주에선 고유명사인 순이삼촌을
보통명사로 쓴다
이웃 사촌을 한 촌수 더 당겨서
순이삼촌이라 부른다
순이삼촌은 복수의 언어가 아닌
홀수의 언어
한솥밥을 먹고 자란 가족이란 뜻이다
순이삼촌 어데 가 하면
남자 대답이 들리는 게 아니라
'곤을동 물 길러간다'라고
올레길 담구멍 물허벅 속에서도
여자의 숨비 소리가 들린다
솥뚜껑을 뒤집어 놓고
둘둘 빙떡을 말다가도
순이삼촌 홀아방 식개* 언제 먹엉?하고 물으면
빙떡 메밀향이 입안 가득
혀끝을 아린다

* 식개食凾 : 다 같이 모여 먹는 제사떡 또는 그 음식.

심방길

　매인 심방*으로 이곳저곳 떠돌다 보면 괴이쩍은 일이 어디 한두가지 아니깝주 1만8천 신의 신궁神宮을 차린 섬 나라에서 몸주*를 한 분씩 찾아 떠돌다가 화북리의 광넙궤팽나무 그늘을 찾아들어깝주 그곳에서 몸주 한 분을 뵈어깝주 꼭 그것같이 털고삐를 두르고 서 있는 모습에 한참을 낄낄거렸구면요, 수산벌 초등학교 성담 밖 일곱 살바기 인신공양으로 희생된 진안 애기할망당, 열 살 때 업저지*로 버려진 마라도의 할망당도 한 바꾸 삥 둘러왔는데 하기사 뱀 신앙까지 토속신으로 받들어 있는 판에 아무리 여자들의 천국이라지만 슬쩍 홀아방 하나 끼워 넣은들 그것을 어찌 금도禁度에서 크게 벗어났다고 타박하리요

　그날도 윤 노인은 배를 타고 은갈치 낚질을 나갔구면요 웬일인지 갈치는 올라오지 않고 돌미륵 하나가 낚시바늘을 물고 올라왔구면요 꼭 머시기가 거시기만 같아 낄낄 슬쩍 바다 밑으로 쳐넣어 버린거야
　그런데 두 번째도 올라오는 것이 돌미륵인지라 참 괴변이로고! 자리를 몇 마장쯤 비껴 낚질을 하는데 또 그놈인 거라. 전생에 무슨 인연이 이리도 질긴가 마씀 배의 뒷고물에다 처박아 놓고 낚질인데 갈치가 쌍쌍구리로 줄줄 물고 올라와 한 배 가득 실었구면요, 이놈을 어쩐다 싶어 생각 끝에 마침 부엌 아궁이의 이맛돌* 벗겨진 것이 생각나 집에 돌아와 그놈을 이맛돌로 박고 불을 지폈어요

　그날부터였구면요, 노인이 등창을 되게 앓은 것은, 꿈에 한 노승이 나타나 육환장으로 방바닥을 찍으며 이놈아, 은혜를 원수로 갚은 놈도 있더냐, 나는 본시 경상도에서 제주도의 관음사가 좋다하여 나를 따라 구경 삼아 관탈도와 소관탈도를 지나오다 풍랑에 휩쓸려 바닷속을 헤메던 터

로 너와 각별한 인연을 맺었갑주

　노인은 깜짝 놀라 이맛돌을 빼어 유한 락스 세제로 박박 문질러 때깔 좋은 물색으로 여기 좌정하시는 게 좋겠구먼요 하고, 마을 앞 광냅궤팽나무 그늘 밑에 울타리를 치고 금줄을 둘러 당구덕에 제물을 드리고 치성을 드렸더니 등창이 씻은 듯이 나았갭주

　윤 노인은 그날부터 떼돈을 벌어서 먹물든 하우장 각시*로 동지同知 벼슬까지 얻고 죽어서도 미륵 할망과 함께 한 살림을 차렸구먼요, 초이렛날과 여드렛날 어스름 상현달이 뜨면 가는대구덕*을 멘 아낙들이 모여들어 정성껏 제물을 드리고 어이, 윤첨지 영감, 나도 먹물 든 아들 하나 점지하여 주깝, 하멍 어멍 지금도 비손질이 그치지 않는다는군요.

* 매인심방 : 신들의 이야기를 본풀이로 풀어내는 심방.
* 몸주 : 신당神堂의 주인.
* 업저지 : 아이보개(아이 보는 어린 계집, 담살이).
* 이맛돌 : 아궁지의 받침돌.
* 하우장 각시 : 글공부하는 선비.
* 가는대구덕 : 당구덕.
* 지금 화북포구의 해신사海神祠가 그곳이다.

당할미들

무슨 할망당이 지붕도 기둥도 천정도 없이
오글오글 모여 누대를 이렇게 살고 있나
느티나무나 팽나무 고목 둥치에
너슬너슬 붙어 이렇게도 수명이 기나
살아 천년 죽어 천년
와흘리 본향당
나뭇가지 하나 건드려서도 안 된다는
이 금기
어떤 할망당은 나무와 바위가 한몸되어
살고 있다
무명실이나 물색 옷감 지전紙錢이
나뭇가지에 붙어 펄럭이며 아스스하다

열 살 난 아이로 바닷가를 떠돌다 죽었다는
마라도 업저지* 애기할망당
일곱 살에 희생물로 바쳐졌다는
수산水山벌 울타리 밖 애기할망당
제주 할망당은 모두가 닭소리 개소리가
들리지 않은 호젓하고 외진 곳을 좋아한다
해안 마을 바닷가나 마을 밖에 산다

앉아 기다리고 서서 기다리고 천년을 기다린다
이렛당 여드렛당 할멍은
한 달에 삼세 번 누워서도 기다린다

* 업저지 : 아이보개(아이 보는 담살이).

죽음의 트라우마

죽음의 트라우마로 우리는 가면을 쓰고 산다
폐쇄적이고 배타적이란 말
수용의 원리가 아니라 배제의 원리
우리는 그렇게 살아 남았다

항몽 삼별초 100여 년
우리는 조랑말 울음 소리에도 기가 죽었다
일제 강점기 해안 곳곳 절벽 파놓은 동굴 속
흙바람 부는 날 모슬포비행장에 나와 보아라
움막같은 저 격납고 허허벌판
그 언저리 감자꽃 피어 눈부시구나

태평양 전쟁 막바지
20만 도민을 끌어내어 병참기지화로
우리는 총알받이 우리 소년병들은 토코타이
신풍돌격대로
오키나와를 점령하고 제주를 상륙하려는
미 함대에 나무 비행기에 프로펠라를 달고
폭탄을 싣고 함상에 내리는 그 육탄전의 음모
그 침략자의 말발굽 아래서도 살아남았다

반탁이 찬탁으로 돌아서고 건준위(건국준비위원회)가 들어서고
우리는 무엇이 무엇인 줄도 모르면서 민보단 활동을 하고

>
5·10 단선 투쟁을 벌였다
빨갱이가 무엇인 줄도 모르면서 계엄령이 선포되고
소개령이 내려져 마을들은 불타고
우리는 산으로 들어와 살아남았다

500년간 출륙이 금지된 섬
유배지의 섬
우리만의 독특한 말씨로 소통이 막힌다면
바다 건너 침탈해 온 너희들의 죄.
천만 관광 시대에도 우리는 연기 나는
굴뚝 하나 세우지 않았고
외래 자본으로 물들어 잘려나가는 땅
남해안 시대의 J프로젝트에도 우리는
손들지 않았다
지금도 그렇지만 제주 자치도민보다는
독자성이 강한 탐라 시민이라는 말이
우리에게는 훨씬 더 잘 어울린다

ᄉᆞ냥꾼들

제주 바다는 소리쳐 올 때가 아름답다고 한다
그맘 때가 오면 폭낭*을 잘 오르는 아이가 있었다
퐁*을 한 주먹씩 따서 아이들에게 나누어 주곤 했다
어느 날 스리쿼터와 군용트럭이 들이닥쳐
마을 전체가 불쏘시개로 가라앉았다
어디론가 끌려가는 사람들
아이는 뒤곁의 폭낭으로 올라가 이 모습 지켜보았다
십 년 후에야 어른이 되었을 때
ᄉᆞ농꾼*이라고 불렀던 한 단원의 고백에 따라
사람들의 흔적을 찾게 되었다
백조일손지지百祖一孫之地* 모슬포의 공동묘지가
그곳이다
왜놈들 탄약고로 쓰던 콘크리트 땅굴 속에서
고리고리한 자리젓처럼 삭은 육탈된 해골들만
오글오글 쌓여 있었다
우리가 언제 온코시 반코시* 찾고 살았더냐?
그냥 대충 살가운 뼈만 추려서 뗏장을 얹었다
그때 자란 아이는 식개食皆* 들면 곤밥지어 고사리 비빔밥을 만들고
일가친척 생령들을 불러내어 삼십여 개의 숟가락만 놋양푼에 꽂는단다
이집저집 한밤중 소지 다발을 태우는 귀신불이 통곡 소리와 함께
지금도 이 마을에선 떠돈다고 한다

* 폭낭 : 팽나무(마을공동체의 상징인 나무).
* 퐁 : 폭(팽)의 귀여운 말.
* ᄉᆞ농꾼 : 사냥꾼

* 백조일손지지百祖一孫之地 : 여러 조상 아래 한 자손의 땅이란 뜻(공동묘지).
* 온코시 반코시 : 벼슬아치(급제)가 있는 집은 곤떡(흰쌀떡)을 빚을 때 조상의 체형體形을 그대로 빚고 없는 집안은 반코시로 빚는다.
* 식개食밥 : 제삿날 또는 그 음식.
* 4·3 때 해안선이 녹색지도로 이루어진 반면 4km 전방의 중산간 마을은 군사작전 지도에서 붉은색 red island으로 표시되어 120여 마을이 불탔다.

불타는 섬

계엄령이 내리고 길은 끊겼다
바닷새들은 줄을 이어 어디로 가는가
우리는 어디로 가는가 LST 군함 꿈에도 본 적 없는
저 함포 사격의 불빛
더는 탈출할 수 없는 밤
우리는 어디로 가는가

빌레못 동굴 밖에 서서 보는 빗개*
그 눈시울 밑으로 하염없는 별똥별만 쌓인다
고독한 영혼들은 어디로 가는가
우리는 어디로 가는가
절벽에 조각달이 서서 칼을 가는 밤
동굴 안에서 더는 갈 수 없어 불 피우고
쇠갈고리 몽둥이를 쌓아놓고 마을 사람들과
무장대들이 모여 죽창을 깎는 밤
통곡소리 울음소리
우리는 어디로 가는가

아, 이 두려움과 낯설음
삼다 6백리 8할이 빨갱이다
모두 불사르고 모두 죽이고 모두 굶겨 죽여라!
물 건너 온 저 잡귀신들의 외침
11사단과 9연대가 저지른 3광3진 작전*
온 마을들이 불탄다

우리는 어디로 흘러가는가

굴 밖에 나와 울부짖는 물할망들
16년 전 여름 잠녀들 1천 명이
관덕정 총독부 앞에서 시위할 때도
마을은 불타지 않았다
머리에 흰 수건 쓰고 물안경 쓰고
호미와 빗창 궐기할 때도
마을은 불타지 않았다

불탄다 불탄다 불탄다
외양간이 불타고 마방이 불타고
봄에 뿌릴 씨감자 오쟁이까지
불탄다
불탄다

물 건너온 저 잡귀신들을 그냥
어쩐다냐
아가야, 네가 입어야 할 봇뒤창옷*까지 다 불탄다
우리는 어쩐다냐

* 빗개 : 보초.
* 봇뒤창옷 : 배냇저고리.
* 3광 3진 작전 : 쏴 죽이고 태워 죽이고 굶겨 죽인다.
　　　　　　　일제 강점기 때 만주군을 토벌할 때 썼던 전법, 4·3 사건, 여순사건, 거창양민 학살,
　　　　　　　노근리 사건 때도 적용됨.(11사단 9연대 작전명)

빙떡

메밀가루 부침에 팥무채 또는 콩나물
소를 박고
둘둘 말아서 만든 떡
개떡도 아니고 참떡도 아닌
올레 담 구멍을 집집마다 타고 도는 빙떡
어쩌다 소고기를 만나면 숭당숭당 썰어 넣어서
칼국이 되기도 한다.

그것은 숨겨 놓고 먹는 떡이 아니라
동네방네 입소문을 내고 먹는 잔치떡
곤떡보다는 친근하고
이웃 사돈을 불러서 배 불리 먹는 떡

4·3사건 때는 산으로 간 사람들
동굴 속에 숨어 솥뚜껑 뒤집어 놓고
비사리와 망개나무 연기 나지 않도록 꺾어다
한 국자씩 빙빙 돌려가며 참취, 고사리나물 소를 박아
조금씩 나누어 먹었던 떡

세경할미 자청비*가 산중을 떠돌며
서천꽃밭 속에 숨어 입덧하며 먹었던 떡
세경본풀이에 메밀꽃 피면
눈물 나는 빙떡

* 3떡5편 : 3떡은 백사리(백설기), 둥근 흰떡, 빙떡이며, 5편은 참떡, 곤떡, 절편, 새미떡, 인절미를 말한다(명절 때 중류이상의 가정).
* 자청비 : 한라여신인 설문대를 창조신이라 한다면 자청비(세경할미)는 농신農神으로 문도령의 애인이다(스스로 청해서 낳았다는 막내딸로 와흘본당 본풀이에 나옴).

수눌음*

잠녀들이 바닷속으로 들어간 까닭은
설문대가 바닷속에서 솟았듯이
수직의 깊이로만 그들은 바닥을 긁는다
한라산이 그녀의 치마 속에서 솟았고
4백여 오름오름이 그 헤진 치미폭 구멍 속에서
쏟아져 쌓인 흙이었듯이
수직으로만 오름을 오르고
수직으로만 한라산을 오른다
용천수가 땅 속에서 솟아나듯이
제주 사람들은 태생적으로 모두 삶의 길이
그 바닥을 처음부터 보고 있었던 것이다

걸대를 정낭에 걸어 안을 비워 놓고
애기 구덕 하나는 밭가에 부려 놓고
허리에 멱서리를 차고서
바닥을 긁어 씨감자를 묻듯이
외롭고 높고 쓸쓸한 섬을
바다가 늘 수평선으로 빨랫줄을 치듯이
안보다는 밖을 더 튼튼히 얽어
올레길*을 만들고 돌담을 쌓는다
유채꽃이 아름다운 빌레밭*
오늘은 저녁 노을의 양파밭을 깔고 앉은
그 밭담 안의 수눌음 풍경이 물까마귀들 같이 정겹다

* 수눌음 : 품앗이(두레), 수놀음.
* 올레길 : 골목길(올레는 사립).
* 빌레밭 : 비탈밭.

정낭*
— 닫힘과 열림

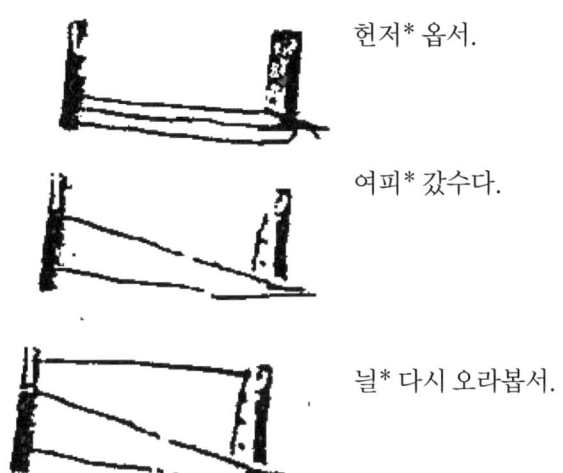

헌저* 옵서.

여피* 갔수다.

닐* 다시 오라봅서.

* 정낭 : 사립.
* 헌저 : 어서.
* 여피 : 이웃.
* 닐 : 내일.

꽃놀이 패

줄줄이 유배 길을 나서는 선비들을 꽃놀이 간다고 했다
언제 돌아올지도 모르는 길을 돌아와서는 꽃놀이 한번
잘했다고 말한다
죽어서 돌아올지도 모르는 그 길을 가면서도
거느름을 피며 위풍당당했다
시쳇말로 화전花煎놀이
속말로 사당패 놀이라고도 했다

조천항 포구에 바닷물이 썰물로 바뀌었다.
배가 들어오지는 못할 것 같다

조선조엔 2백여 유배객들이 드나들던 나들목
연북정戀北亭*에 올라 큰절 한번 올리고
운이 좋은 사람은 보수주인保授主人*도 잘 만났다
고. 을. 나의 땅에서 봇뒤창옷*은 입지 않았어도
말뚝을 박고 슬쩍 끼어들어
뻔뻔한 입도조入道祖가 되기도 한다

광해군의 어머니 인목대비 폐위를 반대한
상소를 올렸다가 역적으로 몰린
간옹艮翁 이익李瀷은 헌마공신獻馬功臣
김만일의 딸을 맞아
경주 李씨 국당공파 파조派祖가 되었고
이성계 정권을 거부한 고려 유신

김만희金萬希는 김해 金씨 좌정승공파
입도조가 되기도 했다

추사 김정희는 4만 평의 땅을 가진
강도순姜道淳의 집에 부처했다
딸은 없어도 안거리 밧거리 쇠막 말방앗간까지 딸린 집
제자를 기르고 추사체를 완성하고 세한도를 쳤다
이만큼이면 화북 포구로 들어오든 조천 포구로 들어오든
쓰라린 세월 꽃놀이 패 한번
잘 놀아 볼만하지 않은가

* 연북정戀北亭 : 유배객이 조천항에 들어오면 맨 먼저 연북정에 올라가 북쪽(임금)을 향해 절을 올렸던 정자.
* 보수주인保授主人 : 유배인의 보증인이 되어 관리하며 시식을 제공했던 사람.
* 봇뒤창옷 : 배냇저고리
* 화북포구와 조천포구는 제주에 파견된 관리와 유배객들이 드나들던 2대 관문이었다.

탐라 개국을 엿보다

영평 8년* 을축 3월 열사흘날 자시에는 고을나, 축시에는 양을나 인시에는 부을나, 고,량,부 삼성친이 모흥굴(삼성혈)로 솟아나서 도읍한 국이외다.
— 제주 심방굿 사설중에서

활쏜디왓(三射石)에서 활을 쏘아 화살이 가는 방향의 땅을 가늠해 본다
고을나의 땅 일도동, 양을나의 땅 이도동 부을나의 땅 삼도동을 지나
그들이 결혼했다는 성산읍 온평리 바닷가 황루알 혼인지婚姻池의
연못을 보았다.
'흰죽'굴에서 벽랑국의 세 공주를 하나씩 맞이하여 농경생활을 시작하며 살았다
일설에는 벽랑국 세 처녀는 강진군 남쪽 벽랑도(현 소랑도)에서 왔을거라는 주장이 강하다. 옛 탐진耽津은 탐라국의 탐耽과 그 음이 같고 고대 항로로서 물물교환이 가장 왕성했던 곳이다.
벽랑도와 가까운 마량馬良은 말배가 닿았던 것으로도 알 수 있다. 또한 세 사냥꾼이 농사를 짓기 시작한 것은 농경문화가 이식된 것을 뜻한다.

설문대 할망의 창조신화와 세 신인의 개국신화는 신화시대와 역사시대의 분기점이 아닐까
파도에 쏠리고 바람에 날리고 돌로 다져진 한라의 신화는 여신들과 평화로운 탐라인들의 삶속에서 용출된 이야기들,
한반도의 강림 개벽신화는 제주에 와서 분출된 창조신화와 역사로 뒤바뀌는 것을 본다
자청비의 풀어흘린 치맛자락 같은 사라봉의 능선이 또 노을속에 여울

지는 것을 본다.

어둠이 와서 별도원을 덮고 내일 아침은 저 성산 일출봉에서 불수레바퀴 같은 해가 바다위로 굴러 오리라.

* 영평 8년 : 영평은 중국 연호로 후한 시대, 서기 58~75년에 해당. 8년은 서기 65년이 된다. 한무제가 처음 사용한 이래 중화민국이 대만으로 쫓겨날 때까지 계속 사용되었다.

2부

김굴산 金窟山

제주에서 가장 아름다운 말 다랑쉬
다랑쉬에 달이 오르면
물항아리에 달이 잠긴 듯
놋요강을 깔고 앉은 처녀의 궁둥이를 보듯
말랑말랑한 사랑을 나누고 싶은 밤이 있다
그런 시각에만 애월엔 또 애터진 달이 떠오른다

이런 관음증만으로는
시가 되지 못한다

내 친구 김굴산은
그런 밤
다랑쉬 깊은 굴 속에서 태어났다
계엄령이 선포되고 무장대가 무너지던 날 아침
산에서 내려온 가족들이 면 호적계에 들러서
면서기가 어물쩡 지어준 이름이다

1948년 11월에서 이듬해 봄까지
솥덕을 걸어놓고 차조와 메밀 미음도 동나고
할머니는 생미역 한 두름 걷어 오겠다며
해안 마을 4km, 야간 통행 저지선을 넘다가
서북청년단 토벌대들의 총구멍에 숨졌다

그 김굴산이 오늘은 한라병원 영안실에 누워

다랑쉬에 뜬 달을 바라보며
밤 깊어 찾아 오는 문상객들을
배웅하고 있다

구럼비 마을

한밤중 폭약 심지를 물고 구럼비 낭 절벽들이 소리친다
이지스함 크루즈호가 정박할 수 있는
해군기지를 건설 중이란다
'안보 없는 평화는 없다'고 길 거리의 현수막이
놀먼지 속에서 펄럭거린다

탐라왕국에 가뭄이 들자
하늘 나라 옥황상제님께 올라가 메밀 씨앗을
가지고 온 자청비*도
구럼비 절벽을 타고 왔을 거라는 전설 깊은
강정江汀 마을
강정천 소낭밭 맑은 냇물 가에 앉아
이 마을에서 봇뒤창옷(배냇저고리)을 입고 자랐다는
현 시인과 함께 은어회를 먹은 적이 있었다

4·3때 많은 양민이 학살당하고 불타버린
'잃어버린 마을' 영남리가 이웃에 있고
구럼비 마을은 바야흐로 지금 때늦게
물 속으로 가라앉는 중이었다
구럼비야 보고 싶구나, 환경지킴이들의 깃발이
큰 길가 어디서나 펄럭거린다

이름도 고약한 '썩은 섬'이 있어 피서와 낚시를 즐겼던 곳
엉또폭포가 흘러내리는 해안 절벽 밑에선

벌써부터 기름 띠를 두른 석유 냄새가 진동한다
'좋은 시절은 다 갔다' 아니다, '좋은 시절은 다시 오고 있다'
한밤중 까마귀쪽나무들이 뿌리째 넘어지면서 치대는 소리가
오랜 세월 굶주린 설문대 할망* 신음 소리만 같다.

* 구럼비 마을 : 구럼비는 까마귀쪽나무 숲을 말하며 강정마을을 그렇게 부른다.
* 자청비 : 세경본풀이에 나오는 제주 농경신화의 할머니, 세경 할미라고도 한다.
* 설문대 할망 : 제주(탐라)도를 창조한 여신. 한반도에는 강림신화(단군신화)만 있는데 창조신화는 오직 제주도밖에 없다.

도둑맞은 인장

다시 지삿개의 주상절리대에 섰다
바닷물이 나가는 것을 보고 주상절리대가
통째로 드러난 인장印章들을 보고 싶어서였다
바닷물이 나가자 인장통의 인장 하나가 보이지 않는다
실문내 할방 당신의 인장통에 인장 하나가 왜 없어졌어요?
하고 물었다
파도 소리인 듯 바람소리인 듯 계시의 음성이 들려왔다
그렇구나, 어느 간 큰 시러비 아들놈이 도둑질 해다가
구럼비 마을로 가져 갔다는구나!
내 손을 벗어난 인장이니 크게 탓할 건 없지만
시시비비 때가 좋지 않구나 아니다.
동아시아의 회전문
태평양의 관문
해저 터널이 들어오고
신화, 역사 박물관이 들어서고
천백 고지에서 송악산까지 케이블카가 달리고
국제공항이 들어서고 차이나타운이 생기고
이제는 앞대문을 활짝 열 때가
왔는지도 모르겠구나

평화의 섬 자연의 섬 신화를 삼킨 섬
바람타는 섬, 불타는 섬
설문대 할망이 배고픈 신음소리에
파도가 와서 다시 인장통을 흔든다

성읍 민속촌에서 일박

전깃불이 없으므로
촛불을 켜야 하리

'제주바다는 소리쳐 울 때가 아름답다'는
어느 시인의 시집을 펼쳐 읽는다.

밖에서는 봄비가 오는지
바래선이 아름다운 초가지붕 추녀 끝
지신물* 내리는 소리가
천금 같은 밤이다.

읽던 책을 도로 덮고
측간으로 내려가 뒷물하다 본다.
모슬포에서 먹고 온 자리물회
친구네 집 굅시*에서 먹은 훌아방떡
노오란 차조밥 한 그릇 같은 그것을
씨돼지 한 마리가 킁킁 잘도 받아먹는다.

이것을 귀엽다고 해야 하나 안쓰럽다고 해야 하나
한라산 빗질 바비큐 작전에도 댕댕이 넝쿨을 타고
살아 남은 토종 씨도야지
코가 연밤송이처럼 벌쭉인다
꼬리가 고사리 새순처럼 도르르 말린다

〉

비 맞고 슈퍼까지 뛰어가서

바나나 한쿨 사다가 나누어 먹는다.

* 지신물 : 중산간 지방은 물이 귀하므로 처마에서 흐르는 물을 받아 저장해서 쓴다.
* 괴시 : 제사.

산 노을

아직도 한라의 눈은 녹을 기척도 없는데
저무는 산간 놀이 떠서 꿈만 같다.
빌레밭 양파 움으로만 모이는 저녁 햇살들
꽈, 다, 꽝 말 끝마다 사투리를 한밭 널어놓고
지심을 매어나가는 돌 할망들 곁에
잠시 가던 길 멈추고 서서 적막한 슬픔에 젖는다.

밭머리에 놓인 두 개의 아기 구덕이
말매미처럼 쌍을 지어 운다.
무슨 구덕 혼사*라도 있었더냐?
할망들 속에서 두 새댁이 엉금엉금 빠져나와
돌담 밑에서 젖을 빨린다.

제주 여성사女姓史는
바로 이것이었구나

봅서 어디 감수광……
내가 알아들을 수 있는 단 한마디
싱그러운 양파 밭의 저녁 햇살과
호미 끝에 잘려 나가는 서러운 서러운 풀내음들과
해안 마을들에 벌써 켜지는 저녁 불빛들
나는 갈매기처럼 양 손을 저어 흙 위에서
나는 시늉을 했다.

*구덕혼사 : 구덕 속에 있는 아이를 두고 양가에서 혼사를 맺음.

바람이 현무암에 새기고 간 말

역사는 기억되는 것이 아니라
기록되는 것이라고
그 기억되는 것이 어물쩡 종이에 물들면 역사가 되고
달빛에 물들면 신화가 되는 것이라고
제주에 와서 4·3은 묻지마라
모두가 기억하고 싶지 않은 기억이라고

그것은 침묵의 또 다른 굴레
바람이 현무암에 새기고 간 말
살암시면 살아진다라고 말한다

동족이 동족에게 저지른 만행
3만 명이 사라졌다는 붉은 섬
아홉 명 중 한 명이 수장되었다는 기억
결코 그 기억은 기억만으로 상처가 될 수 없다

제주에 와서 4·3을 묻지마라
4·3은 비밀스러운 암호로
모두가 동굴 속의 통로에만 숨어 있는
마음과 마음 속으로만 건너가는 통로
어둠 속에서만 살아서 빛나는 눈

사란결 寫蘭訣*
― 대정골 추사관에서

비껴 서지 마라
빈 겨울 하늘만 남은 절벽이다
알 오름을 뒤덮는 까마귀 울음만이 남은 절벽이다
이곳에 와서 더 비껴 설 곳은 없다

절벽을 타고 오르는 불꽃 같은 정신을 보고 서 있으면
붓대신 입에 칼을 물고 싶어진다
얼음을 딛고 서서 언 겨울 하늘에다
청죽靑竹을 치는 사내
등뼈 같은 두 그루의 잣나무와 벼락맞아
한 가지가 비틀어진 두 그루의 소나무 앞에서
얼 빠진 사내처럼 나는 주먹을 휘두르고 싶어진다
더는 비껴 서지말자

변명도 하지말라
변명만으로는 시詩가 되지 않는다
하얀 백지에 흐르는 8년 3개월의 위리안치된 시간들
열 개의 벼루 밑구멍이 뚫리며
천 개의 붓이 닳아
이렇게 제주 수선화는 피었구나
이렇게 난초잎은 둥글게 휘어졌구나
이 밤은 선화지에 드는 검은 먹물만이 진실이다
물러서지 마라

>

적적성성寂寂惺惺한 밤이다

너에게도 절복切腹의 시대는 오리라

99푼을 완성하고도 1푼이 모자라

폐기처분 하는 날이 곧 오리라

용서하지 말자

더는 갈 곳이 없다

서릿발 치는 겨울 하늘

울타리 밖은 파도 소리만 높다

* 사란결寫蘭訣 : 추사 김정희(金正喜, 1788-1856)는 사란결寫蘭訣 즉 난초를 그리는 비결에서 99를 얻고도 1푼이 부족해 버리는 그림이 된다고 말한다. 1푼은 시인의 정신(정체성)을 말한 것인데 이는 죽란도나 묵란도보다 세한도(59세 때 그린 그림, 64세 해배)에서 유감없이 밖으로 드러나고 있다. 그 적적성성한 기운은 올곧은 선비 정신을 표현한 것이다. 아호를 33개 이상 지었고, 그의 제자(제주) 박계첨이 정리한 완당인보에 의하면 180개의 인장을 사용했다. 이렇게 이루어진 것이 추사체요 세한도였다. 세한도는 고도의 압축과 감정의 억제, 자기 성찰을 추구한 작품이다.

목호牧胡의 난

우리 동족이 아닌 것이 섞여 갑인의 변을 불러들였다. 칼과 방패가 바다를 뒤덮고 간과 뇌가 땅을 가렸으니 말하면 목이 멘다
(조선시대에 들어 태종 때 제주 판관 하담河澹이 40여 년 전 사건을 목격자로부터 듣고 기록한 글)

정월 대보름 새벽 오름 억새밭에 불을 지르며 어름비 평원을 내려다 본다. 탐라가 몽고의 국영 목마장이 된 것은 고려 원종 14년(1273)이었고 그때부터 목호牧胡들의 세상이 되었다. 여몽연합군에게 삼별초군이 무너지고 무려 100년의 통치를 받고나서야 공민왕 5년(1356) 국권을 회복하기 위하여 반원정책을 펴면서 목호군과 수차례 충돌이 있었다. 조정에서 파견한 관리가 네 차례나 목호들에게 죽임을 당하고서야 공민왕은 100여 척의 군선을 파견했으나 목호군에게 패하고 말았다.

공민왕 23년(1374) 명明은 탐라에 있는 원나라의 말 2천 필을 고려에게 요구했다. 목호들은 원수의 명나라에게 말을 내줄 수 없다고 난을 일으켰다. 마침내 공민왕은 군선 314척, 정예병 2만 5605명을 최영 장군에게 주어 목호 토벌에 나섰다. 요동 정벌군이 3만 8830명인 것에 비해 이에 근접한 병력이며 당시 탐라 인구보다 많은 숫자였다. 100여 년의 세월을 걸치면서 탐라 사람들은 어떻게 버티고 어떻게 싸워 왔을까?

또 몽골 병사가 1400~1700에 불과했으나 수차례 고려군을 물리칠 수 있었던 요인은 어디에 있었을까?

최영 장군은 출정 한 달 만에 명월포(현, 웅포 포구)에 진격하자 목호군은 기병 3천과 보병으로 맞섰다. 최영은 먼저 11척의 선발대를 상륙시켰

으나 모두 참패했다. 본진이 상륙하고서야 목호군은 밀리기 시작했다.

　밝은 오름 - 검은데기 오름 - 어름비 - 새별 오름 - 연래(서귀포시 여래동) - 홍도(서홍동)에까지 목호들은 밀려났고 우두머리 석질리필사石迭里必思는 가족과 수뇌부를 이끌고 서귀포 앞 범섬으로 탈주했다

　최영은 범섬 앞 법환리 포구에 군막을 치고 전함 40척을 이어 묶어 배다리를 놓아 섬으로 건너갔다. 그래서 법환리 포구는 '막숙', 배를 연결한 지점을 '배염줄이' 또는 '배연줄이'라고 부른다. 출정군이 범섬으로 건너가자 수뇌부 가운데 초고독불화肖古禿不花와 관음보觀音保는 벼랑으로 몸을 던져 자살하고 석질리필사石迭里必思와 아들 3명은 붙잡혀 목을 베어 개경으로 보냈다.

　이로서 100여 년의 탐라 지배는 종지부를 찍었다. 그러나 명나라의 횡포는 더 극심하여 우왕 5년(1379)부터 공양왕 4년(1392)까지 13년 동안 무려 2만 필 이상의 말을 조공했다. 지금도 마불림굿이 행하여 오는 것은 말 숫자를 늘이기 위한 순전히 이 횡포 때문이었다. 한반도와 탐라의 개국, 제주인의 주체성과 자주성은 어디에서 온 것일까?

이재수李在守의 난과 드레물*

1

심란한 모랫바람이 그 벌판에서 불어온다
모슬포, 그때부터 사람들은 못살포라고 불렀다
그 험란한 벌판을 동학농민군으로 참패한
동학장이들이 숨어들어와 화전민으로 땅을 일구고
지금도 그 벌판을 지나다 보면 안개 속에
일제강점기의 격납고가 유령들처럼 엎드려 있고
감자꽃 유채꽃 파꽃들이 흐드러져 피었다

그 벌판을 지나 대정읍에서 하나밖에 없었다는
이재수의 생가 터 드레물이 보고 싶었다
육지부에서 들어온 목민관과 봉세관捧稅官에 따라
그때마다 드레물은 콸콸 솟기도 하고 바닥은
마르기도 했다
이재수의 난은 그 우물바닥이 말라붙자
1901년에 일어났다
포악한 봉세관 김봉헌이 도임, 천주교 왈패들을
마름으로 채용
화전세火田稅와 목장전牧場錢, 진상품은
육지부의 세금보다 세 곱을 긁어갔다

이재수 생가 터 우물바닥은 지금도 말라 있었다

2

마름으로 들어온 천주교 왈패들은
가축, 밀감나무, 계란에까지 세금을 매겼다
주민들은 견디다 못해 병귤 나무 뿌리에 독약을 부었고
민회民會를 조직하여 성내城內로 들어가 항거했다
그러나 프랑스 신부와 교도들은 이를 박해와 민란으로 규정했고
발포로 사상자가 속출한다
평화적 시위는 무력 충돌로 번졌다

4·3 항쟁과 이재수의 난은
어쩌면 이리도 중앙정부와 외세의 항거로까지
닮은 꼴인가?

민군民軍은 동쪽과 서쪽에서 동진과 서진으로
제주성城을 공략했다
대정 관아의 말단 관리였던 이재수는
서진을 이끌었던 오대현五大鉉이 붙잡히자
서진의 장두로 나섰다

강우백姜遇伯이 이끄는 동진과 서진은
제주성 남문 밖 황사평에 진을 치고
프랑스 신부가 이끄는 무장 교도들과 10여 일을 공박
성내 주민들의 봉기로 성문이 열리자

천주교도 309명을 처형시켰다
곧이어 프랑스 함대와 중앙정부군이 파견되어
민란은 수습되었다
세 명의 장두 이재수, 강우백, 오대현은
서울로 압송, 교수형을 당했다

3

3개 군의 도민들은 프랑스 공사가 요구한
교민의 피해 보상금으로 4300여 원을 부담했고
제주목에서는 사망한 천주교들의 매장 터로
황사평 1만 8천평의 땅을 내주었다
지금의 천주교 공동묘지가 그곳

이재수의 난이 일어난 지 60주년
대정 지역 유지들은 민란의 장두
세 사람을 기리는 삼의사三義士 비를 세웠다

지금도 시쳇말로 전해오는
개 같은 목사 위에 봉사관이란 말,
이재수의 생가 터 드레물은 아직도 말라 있었다.

* 드레물 : '우물'의 제주 방언.

설두*

꿩새기 도새기 소낭 낭밭 어멍이란 말
제주말은 귀에 설어도 아름답기만 하다.
그 중에서도 코시롱한 맛이란 말과 맨드롱이라는 말을
나는 더욱 좋아한다.

모자반을 숭숭 썰어 넣어 도새기 살을 으깬
늘냇내 나는 느름 몸국을 좋아하고
절이 잘 삭은 자리젓에서 올라오는
쿠릿한 냄새를 사랑하고
돌하르방이란 그늘진 말도 사랑한다.

성읍 민속촌 못 미쳐 낭밭이라는 도새기 집이 있고
복아장(개장국)집이 있고 깅이횟집
게우젓(전복창)집도 있고 한라성이라는 꿩 메밀집도 있다.
돈내코의 원앙 폭포를 지나면 낭밭 도새기 집
도축장에서 오랫동안 칼을 잡았다는
그 칼잡이에게 얻어먹는 설두는 산중 별미다.

좁쌀 껍데기 오매기 술 한 잔에 설두 한 점
오물거리면
도리깨장부 도리깨 열*에 얻어맞은 것처럼
겨울 추위도 온 삭신에 참숯불처럼 뜨거웠다 사그러진다.

* 설두(뒤): 돼지 목 뒤 부분의 목도로기에 붙은 고기토막인데 칼잡이가 한 점씩 떼어 주는 맛보기 살

이다.
* 도리깨장부 도리깨 열 : 곡식의 낱알을 털 때 쓰는 농기구가 도리깨인데 낱알을 때리는 회초리(열)를 달아맨 장대(손잡이)를 도리깨장부라 부르고 3-6개의 (발)열을 마음대로 돌릴 수 있도록 맨 꼭지를 도리깨 꼭지라고 부른다.

감 따는 아이들
― 한림읍 금능석물원에서 · 2

돌 속에도 이런 세상이 숨어 있었구나
가을이 되자 감이 익고 아이들이 나무를 타고 올라가
왁자지껄 떠드는 소리
석물원 한복판에서 웬 노인이 나무 아래 서서
아이들의 모습을 쳐다보며 희희낙락
회심의 미소를 짓고 있다

왜 하필 감 따는 아이들이냐고 물었더니
남녀 아이들이 노는 모습을 쳐다보면
불끈 용정이 솟아나고 둘째 부인에게서 얻은
늘그막에 본 막내아들이 생각난다는 것이다
아이들의 불알 두 쪽이 천진난만하게 감처럼 덜렁거리고
계집아이의 감씨 같은 그것도 보여서
아들 낳는데는 최상의 방중술房中術*이란다

명장* 너스레에 관광객들이 몰려들어 까르륵 자지러지고
돌 속에서 꺼내 놓은 한 세계가
가을 동화처럼 펼쳐지는 한낮이다

* 방중술房中術 : 황제경皇帝經은 중국 황제들이 사용했던 비결이기도 한 동양 최고의 의술이었다.
* 명장 : 장공익(85세, 석물원 주인).

조랑말을 타고

비오는 날 마방에서 말이 새끼를 낳으면
새끼의 몸에 평생토록 얼룩이 진다고 한다.
그래서 어미 말이 슬프게 운다고 한다.
이는 제주인들의 조랑말에 대한 속설이다.

말 새끼는 12개월 만에 나오는데
이때 말고삐 줄을 넘으면
제주 여자도 12개월 만에 애를 낳는다고 한다.
알고 보면 말에 대한 경외심이 얼마나 강한가를 알 수 있다.

산간 지방에서 조 이삭을 빻거나
메밀가루를 빻는 일도 조랑말이
그 연자매를 돌렸다.

연동주유소 가까이 있는 고수목마에서
일본 관광인들 틈에 끼어 나도 말고기를 든다.
말뼛가루 말재골 마사지 말스테이크 말피
지라와 간까지
구마모토 정식 코스를 들고 나서 효도관광 기념품으로
골다공증에 좋다는 말뼈를 사들고 가는 그들 틈에 끼어서
마불림굿*으로 조랑말 말총갓을 쓰고
나도 한 번 우쭐거리고 싶어진다

* 마불림굿 : 지루한 장마가 끝나면 말馬의 숫자를 불어나게 해달라고 하는 굿.

공중발사

  부엌을 찬찬히 살펴보면 물허벅을 놓아둔
쉼팡*이란 장소가 있다
목이 마르면 언제라도 물을 떠 마실 수 있는 곳이다
한라목장에 가서 이 비슷한 샘물통을 보다가
소 떼들이 늘늘이 늘어서서 물을 마시는 것을 보았다
코쭝배기에 흰 털이 난 암소 궁둥이를
흑뿌사리* 한 마리가 올라타자
암소는 금방 엉거주춤 무릎을 꺾고 궁둥이를 땅에다 깔았다
그때 보았다
시뻘건 불에 달군 화젓가락 하나가
허공에다 내뿜는 공중발사!
경련을 일으킨 풀밭이 통째로 흔들리고 어디선가 도랑물 흐르는 소리가 낮게 낮게 들려왔다
쇠좆메*로 얻어맞은 듯 나도 허리가 아팠다

* 쉼팡 : 물항이나 물허벅을 놓아둔 장소.
* 흑뿌사리 : 검은 수소(흑소, 칡소)로 제주 토종산.
* 쇠좆메 : 소의 성기로 만든 방망이(옛날 육방관속(나졸)들이 차고 다녔던 방망이).

곡두*
― 종마장種馬場에서

마불림 굿*이 있는 날
K 종마장에 갔다
너른 초원 한 귀퉁이 말들이 한가로이 풀을 뜯고
제단 아래선 심방들이 맞이굿을 올리고 있었다
말똥 냄새 향긋한 풀밭길을 걸어나가다
어린 말새끼들 몇 마리가 종마들의 배아지에 붙어
젖 빠는 모습을 보았다
대왕김밥 같은 말똥들과
삼각김밥 같은 새끼 말똥들이
군데군데 엎지러져 오월의 햇빛아래서
다이아몬드 견장들처럼 반짝거렸다
일도동 남쪽 고수목마장이 있었다는 완만한 숲지대
한때는 한라산 기슭에 7만마리 말이 뛰어놀아
영주 10경으로 손꼽혔다는데
그 조랑말들은 다 어디로 간 것일까
등나무 밑 간이탁자에 앉아 바다를 내려다본다
하얀 말갈기의 파도들이 뒤집혀
아항, 아항 늙은 말 울음소리를 퍼지르며
달려오고 있었다

* 곡두 : 실제로는 없는 사람이나 사물이 환상으로 보이다가 사라져 버리는 착시현상.
* 마불림 굿 : 말이 건강하고 숫자가 불어나라고 올리는 전통적인 맞이굿.

괴시* 든 날 아침

식개* 먹으로 가자고 새벽녘 일찍
친구가 호텔 방으로 왔다
어젯밤 괴시가 든 모양이다
아침상에 옥돔 미역국 차조밥 한 그릇과
빙떡* 곤떡* 한 접시가 나왔다.*

친구 말에 따르면 곤떡을 빚을 때는
그 집에 벼슬아치가 있으면 찬코시 없으면 반코시로
죽은 사람의 체형体形을 만든다고 한다.
아버지가 4·3 무장대 오르그라서 반코시로 지금껏
괴시를 드린다는 것이다.

먼 길 오젠 허난 속앉수다*
식개食皆 떡 많이 먹엉!
팔순 어머니가 상머리에 앉아서 음식을 거둔다.
똑똑한 사람은 다 죽고 나 같은 홀어멍이……
아무데나 질러대는 총알을 피해 산으로 간 것이
무슨 죄람~~ 몹쓸 놈의 시상 다 살아봅서

올레 담장길에 희끗희끗 눈 쌓인 아침이었다.
올레 어귀에 퍼다 버린 걸명*을
까마귀보다 먼저 온 까치 세 마리가 깨작거리며
싸우고 있었다.
언제 봤다고 저 육실할 것들이……

걸명은 까마귀가 와 먹어야 길조인데
텃새인 까마귀가 까치*떼에게 밀려나
오지 않는 데 대한 분풀이를
노파는 이렇게 푸념하고 있었다.

* 굅시 : 제사(굅시는 괴우다, 괴다, 바쳐 올리다라는 뜻).
* 빙떡 : 메밀가루를 반죽하여 번철이나 프라이팬 따위에 얇게 펴서 부친 것 위에 양념한 무채 소를 넣고 말아서 지진 떡.
* 식개食皆 떡 : 식개는 모두 모여서 먹는다는 뜻(마을공동체), 홀아방떡이라고도 한다.
* 걸명 : 제사가 끝나고 그 음식 일부를 사립에 뿌려서 잡신을 먹이는 일(사물).
* 까마귀와 까치 : 제주의 텃새는 원래 까마귀였으나 아시아나항공이 취항하면서 그 기념으로 까치 200쌍을 방류한 것이 지금은 역세권으로 까마귀가 밀려 났음.
* 먼길 오젠 허난 속았수다 : 먼길 오느라 엄청 수고하셨습니다.

3부

들꽃 세상

제주 갈옷에는 뺄때추니 하얗게 목이 쉰
목소리가 숨어 있다
잃어버린 전설의 땅
이어도의 늙은 산 메아리가 숨어 있다
그 산 메아리 속에 들꽃 세상이 환하다
한라산 오름의 꽃들은 대낮에도 별밭을 이룬다
한 능선을 넘거나 넘어 올 때도
반달 같은 꽃 차일이 하늘을 가리고
쪽빛 바다가 먼저 발아래서 눈시울을 적신다.

앞오름 체오름 다랑쉬 용눈이꽃 해오름
오름오름마다 쇠똥내 말오줌 퍼질러져
설문대 할망 거름 보시로 질편하다
이 가을은 지린내에 젖어 들꽃처럼 피고 지고
들꽃이 어우러진 들꽃세상
나도 그 들꽃세상에서 들병이*처럼 들린다.

물봉선, 물매화, 체꽃 오랑캐, 구름무늬, 하늘매꽃……

감자밭 귀퉁이 각진 돌각담을 돌아 나오는데
한바탕 엉겅퀴 가시꽃들 휘장을 친 무덤들이
의좋게 꽃상여 타고
난바다 바람파도 끝머리 우우우
소리쳐 몰려간다.

죽은 자는 말이 없고 산 자는 더 할 말이 없다.
4·3 가족 묘지라는 푯말 하나가 다시 눈시울을 적신다.

* **뻘대추니** : 철없이 덤벙대는 소년(벌천이: 전라도).
* **들병이** : 남사당패에 끼어 있는 여사당패로 놀이마당을 트기 위해 마을 부잣집에 들어 몸을 팔았던 여자.

빌레못* 사람들

1949년 1월 16일
애월읍 어음리 사람들이 숨어 있는 지하 땅굴 하나가 발각되었다
1만 1천 749미터 세계 최장 길이의 용암굴이었다
어음리에 진압군들의 소개령이 내린 것은 1948년 10월 경
마을 사람들은 동굴 속에 숨어 공동 취사장을 만들고
무장대와 함께 번을 서며 석 달간을 버티었다

곶자왈*에서 조릿대를 꺾어다가 삿자리를 만들고
동굴 속에서 물을 해결했다
추위를 잊기 위해 불 속에 돌멩이를 달구어서
가슴 속에 품고 잠들었다고 한다

굴 입구에서 때로는 화염방사기로 불을 뿜어
바비큐작전을 감행했고 때로는 수류탄을 까넣고
그래도 반응이 없으면 생솔가지를 굴 입구에 쌓아놓고
연기를 피워 오소리작전을 했다고 한다

그때 서애청사람들 2천 명이
'쥐잡이작전'이란 소탕 명령을 받고 빨갱이 잡는다고
한라산으로 쏟아져 들어왔어요 굴 속에서 우리도 어쩔 수
없이 손을 든 것이지요. 모두가 총살을 당했습니다
그때 저는 굴 속을 4km 파고 들었다가 미아가 되어
겨우 이틀만에 살아 나온 것입니다. 이는 2001년 6월 22일에
있었던 양태병(74. 어음리) 씨의 증언이다

* 빌레못굴 : 천연기념물 342호(용암동굴) 1만 1천 749미터의 세계 최장 동굴.
* 곶자왈 : 곶은 숲, 자왈은 가시덩쿨의 합성어다.

춤 받이물

중산간 마을을 돌다가 어느 집에서
춤 받이물을 만났다.
문화해설사 말로는 화산 지대라서 빗물이
그대로 흘러 바다로 스며들기 때문이란다.
처마를 타고 흐르는 물을 받으면 지신물
때죽나무 가지로 받으면 그것이 춤 받이 물이란다.

띠를 엮어 물이 타고 흘러내리도록
줄을 만들고
항아리를 받쳐 두었는데
물 항아리 위에 떠 있는 때죽 잎에는
청개구리 한 마리가 올라앉아 두 눈알을 껌벅이고 있었다.
옛날 부잣집에서는 십여 개의 물 항아리를
마련한 경우도 있었다고 한다.

심방 굿 떡을 할 때나 참떡 곤떡 절편 새미떡
인절미를 치댈 때는*
반드시 춤 받이 물을 사용했으며
우갯당 아랫당 할미는 이 물맛 때문에
시샘이 많았다고 한다.

잣구실밤나무보다는 때죽나무를 타고 흐르는 빗물이
석 달 이상만 되면 샘물처럼 오히려 물맛이 좋아진다고 한다.

* 참떡, 곤떡, 절편, 새미떡, 인절미는 제주 5떡임.

찜질방에서

물 건너 해남으로 시집간 딸이 왔다
찜질방에 등목하러 간다
다래 넝쿨처럼 꼬인 어머니의 등
도마뱀 같은 칼 자국이 마른 허리를 감고 있다
딸의 허벅지에도 똑 같은 칼 자국이 꿈틀거린다
비 거스렁이 하는 날은 허리가 쑤신데
너만은 괜찮다냐?
늙은 엄마가 늙은 딸을 돌아다 본다
엄마, 저도 가끔은 허리가 욱신거려요

살아감서 다 잊었다만 또 꿈에서조차
그런 날이 올까 가위눌릴 때가 있구나
너는 구덕 안에 있어 모르겠지만
그때(1948.11.13)
조천면 교래실 우리 마을 100여 호가
모두 불타 없어졌구나
마을 사람들이 무장대에게 식량과 은신처
먹을 것을 제공한다는 탓으로
한밤중 토벌대들이 들어와 모두 불태웠지
나는 설마하니 어린애들까지 어쩌랴 하고
그냥 집에 남아 있었지
토벌대는 끝내 우리집까지 불을 지르며 덮쳤고
나는 잠든 너를 구덕안에 처넣은 채 짊어지고 나와
뒤껻 묵시물동굴까지 뛰었지

토벌대는 마구 총질을 해댔지
총알이 내 옆구리를 뚫고 갔어
구덕 안에서 너는 자지러지게 울었어
그때서야 구덕을 내려 놓고 보니
내 옆구리를 뚫은 총알이 포대기 속을 파고들어
너의 왼쪽 무릎을 부숴놓고 있었지
너와 내가 받은 총알자국 흔적이 평생
우리 모녀 집안 내력이구나

엄마, 그 얘기 이젠 그만 좀해요, 신물 나고
상처만 덧나요
내일 밤이 떼죽음으로 한 날 한 시 통곡이 일어났던
원혼들이 들끓는 젯날 밤이라구요!
모녀는 탕을 나와 평상에 앉아
발톱을 깎는다 발톱 깎을 힘이 없는
늙은 어머니의 발톱을 깎아드린다
일흔다섯 해 동안의 씻김굿 같은 바람 소리가
창문을 흔든다
5층 창문 밖으로 내다보이는 먼 바다 수평선
갈치배 집어등 불빛들이
그날 밤 고래실에서 타오른
불바다처럼 눈시울을 적신다.

가마오름 지하동굴 속에서

길이 2킬로미터 3층 구조물로 이루어져 있는
동굴 속에선 아직도 제국주의의
찬 바람이 불고 있다
결7호 작전 동굴로 2년간에 걸쳐 파 놓은
굴이란다.
해안선을 향한 입구만도 33개
지네발식으로 이어져 마라도 가파도를 디딤돌로
건너오는 연합 함대를 잡기 위한
포신砲身들이 도처에 묻혀 있다

이곳, 역사 현장을 지키고 있는 관장 이영근 씨는
그들의 잔혹상을 알리기 위해
'평화 박물관'을 지었다
평화박물관 안의 영상관 벽에는 방문객들이
광목천에 가득 메워 놓은 육필 두루마리
20여 개가 보관돼 있었다
곧 책으로 펴낼 예정이라면서 비장한
각오가 남다르다

이 책 속에 시인은 어떤 말을 남겨야 하나
시인은 알뜨르 비행장 근처 알 오름에 구축된
대공 고사포 진지와 한림읍 웅포리에 들러
관동군 사령관 별장을 거쳐 온 터라
이 지하동굴에서는 목이 메어 차마 말이

나오지 않는다
뒤에 생각나는 말, 시에는 국경이 없어도
시인에게는 조국이 있다는 치사한 말
서두에 나온 '버러지 시론時論'을
하나 덧붙이기로 한다

땅굴에 숨어서 내다 보는 가파도와 마라도가
포신의 구멍 속에서 흔들리는 것이 보인다
『25시』 작가 게오르규는 한반도는 '아시아의
귀여운 귀걸이'라고 표현했지만
저 마라도와 가파도는 '제주의 귀여운
귀걸이'라고 한 줄 더 포개어 놓고 왔다.

* 1945년 8월 현재 인구 23만이던 제주도에 7만5천여 명의 일본군 병력이 들어와 주둔, 일본 본토를 지키기 위한 결사 항전으로 제주도는 전역을 요새화하였다.

빗창시위

어느 때던가
청학동에 숨어 살던
상투머리 노인과 댕기머리 동자들이
종로 바닥에서 벌린 청포靑袍 데모는 보았어도
농민들이 곡괭이와 쇠스랑을 들고 나오는
시위는 보았어도
제주에 와서 잠녀들이 빗창시위 하는 모습은
처음 본다

구좌읍 세화리 연두막 동산
해녀박물관에 와서 그 피맺힌 함성을 듣는다
"우리들의 요구에 칼로써 대응하면
우리는 죽음으로써 대응한다!"
1932년 1월 12일 해녀 조합원 일천 명은
조합장 다구치田口禎熹에게
호미와 빗창으로 맞서 투쟁했다

그들은 세화 오일장으로 행진한 뒤
관덕정 앞까지 나가 집회를 열고 요구 조건을 제시했다
그러나 일본 경찰은 목포에 있는 응원 경찰까지
불러들여
관련자들 검거에 나섰다

1931년 6월 하도리에서 일어난 투쟁에는

이듬해 3월까지 연인원 10만 7천명이 참여했고
시위 집회는 238회에 이르는 대규모의
항일운동이 펼쳐졌다

4·3을 진압하면서 남로당 일색이라고
'붉은 섬'이란 말을 스스럼없이 내뱉던
경무부장의 뺨을 후려치고 싶고
이 '푸른 섬'에 지금까지 굴뚝 공장이
발을 붙일 수 없는 까닭도
해녀박물관에 와서야 알았다

또 봄바람이 터진다
출륙이 금지 되었던 섬
출가出嫁*를 서둘러야겠다

* 출가出嫁 : 갑오개혁(1894)을 거치면서 잠녀들은 비로소 진상이나 공물에서 벗어날 수 있었다. 1876년 개항 이후 일본 어민들이 제주 바다로 진출하면서 어장이 황폐해지자 잠녀들의 출가가 시작되었다. 1887년 부산의 영도로 간 것이 시초였고 일제 강점기에는 한반도 남쪽 해안뿐만 아니라 중국의 다롄, 칭다오, 러시아 블라디보스톡까지 진출했다. 출가 잠녀 수도 1910년대 2500여 명이었던 것이 1930년대에는 4천명에 이르렀다. 4월이 오면 출가했다가 9월까지 일하고 고향으로 와서 겨울을 났다.

뒤웅박

산에서 사냥으로 살아가는 산사나이를
산쟁이 또는 사농(사냥꾼)으로 부른다
바다에 뒤웅박을 띄어놓고 사는 여자를
해녀 또는 잠녀라고 부른다
4·3 때 마을 청년들은 난리를 피해 산에서
무장대로 살아갔지만
내가 아는 모녀는 그해 여름 마을이 불타자
형제섬 뒤에 숨어 뒤웅박을 타고 살았다
뒤웅박 밑에 엎드려 보말이나 굼벗 딱지조개를
캐다가 한 움큼씩 좁쌀죽을 쑤었다

추석 무렵 민속촌을 지나다 샛 지붕 위에 실린
조랑말 같은 조롱박들 사이 뒤웅박을 보았다
뒤웅박을 통박이나 대박으로 부르지 않은 까닭도 알겠다
통일은 대박이다라고 놀부네 집 울타리 밑을 넘보는
착한 지도자도 있었지만
하얀 박꽃이 피어 차르륵차르륵 반딧불이가
환상적으로 날아다니는 여름 밤도 있었지만

구새먹은 속을 파내고 반지로 창을 내어 바르면
은은한 불빛이 새어나오는 길등燈이 되었던 뒤웅박
새벽 닭이 울어 당할미들도 당귀신들도 돌아가던 길목
4·3 때 뒤웅박을 타고 물 밑에서 살았다는
그 모녀가 자꾸만 생각났다.

우리들의 땅

나는 다근바리처럼 하예 마을*에 숨어들어
옛날 옛적 변당장이가 사 놓았다는
땅을 보러 갔다
그러나 그 땅은 누군가의 손에 팔리고
흔적조차 없었다

북경에서 왔다는 반백의 사내들도
내 등 뒤에 붙어서서
이 마을에 살 땅이 없느냐고 묻는다
북경 양반은 망고 농장을 하나 갖고 싶단다
그런 땅은 다 팔리고 없다고
마을의 한 청년은 훠이훠이
손을 내어젓는다

나는 다시 변당장이가 사 놓은 땅을
찾아 설명했다
동으로는 족다리 서로 족다리
북은 맨드롱 동산
아래로는 허구대양……
그때서야 청년은 얼굴이 붉어진 채
앞바다를 가리킨다

때마침 바다에서는
봄비 내리고

비바리 숨비소리
한창이었다

서귀포여
너의 정신을 팔고
이 끈끈한 바람과 햇빛 말고
이제는 또 무엇을 팔 것인가.

* 하예마을 : 옛날 옛적 중문리에 사는 변당장이란 사내는 이곳 하예마을에 와 친구에게서 땅을 샀다. 친구는 땅문서에 「동으로는 족다리, 북으로는 맨드롱 동산 남으로는 허구대양……」이라고 땅의 경계를 표시했다. 이듬해 봄, 변당장이는 소를 몰고 쟁기를 짊어지고 땅을 갈러 왔다. 그러나 땅은 없었고 친구 부인이 방에서 기다리고 있다가 변당장이가 오자 홀랑 벗고 누워 「동으로는 족다리, 북으로는 맨드롱 동산 남으로는 허구대양……」하고 노래를 불렀다. 변당장이는 자기의 무식했음을 뉘우치고 아들 하나는 잘 가르쳐 만경 군수를 지냈다 한다.

중문 해녀의 집에서

꿩새기(꿩알) 같은 나 어린 비바리들의
청청한 숨비 소리도 아닌
목이 쉰 물까마귀 같은 망다리 숨비소리가
옛날의 정서와는 사뭇 다르다.
밀집한 호텔촌의 중문단지
절벽 밑에 있는 액자 같은 풍경 속
'해녀의 집'에서 생복죽을 든다.

부모가 늙어지면 모든 권리를 자식에게 넘겨주고
'안거리' 또는 '큰 채'를 차지하고
바깥채인, '밧거리' 또는 '모커리'라는 별채를 아들에게 내주어
독립을 선언하는 제주의 늙은이들은
도시를 떠도는 독거노인들과는 달리
이렇게 싱싱하기만 하다.

제주의 고령화란 있을 수 없다.
이것이 삼다三多에 길들여진
조냥 정신의 아름다움이다.

지삿개의 볕바른 창가에 앉았으면
물까마귀들이 넘나드는 물 이랑을 색칠하고
형제섬을 비켜가는 저녁햇살 이리 좋다.

관탈도 冠脫島

범파니 같은 세월 제주 관문을 지켜선 관탈섬
풍랑 왜 이리 거센지 모르겠다

바람 탄 돛폭이 찢겨지고 돛대 끝
용총줄이 끊어지고
말배가 엎어져 말 울음소리 자욱한 바다
한 선비의 말총갓이 구겨지고 그 배멀미 속
한 선비의 붓 끝에서 한 폭의 세한도가
어떻게 피어났던가를 비로소 알겠다

제주에 와서 정당벌립 물허벅은 짊어져도
난바다 바람파도 앞에서 말총갓은 찾지마라
백록담 오름길은 등산모도 벗겨져
저 관탈섬에 떨어지나니
등산모도 함부로 쓰지마라

그러나 제주 사람들 단 한번도
다랑쉬 빌레못 용눈오름 광 넓궤
그 땅굴 속에 엎드렸어도 단 한번도
정신줄 놓아본 적 없었으니
바람 센 날 모슬포 자리물회 맛이 들었거든

대정읍 추사秋史 기념관에 들러서도
태평한 세월 탕평갓은 찾지마라
관탈섬을 지나왔을 때 그 갓 이미 찢겨졌으니

슬픈 유산遺産

맨처음 조랑말이 풀을 뜯었다는 수산벌에는
올해도 바다 수국이 피어 눈부시다
귀보다 코에 먼저 와 닿는 것이 있다
이 향기를 피의 냄새라고 부르면 안 되나
이 향기를 지우면서 뒤늦게 오는 파도소리에
불안은 차츰 가라앉고
시력은 서서히 회복된다
눈은 수평선에 머물면서 그때서야
제주 바다는 소리쳐 울 때가 아름답다*는
것을 안다
고립된 상처와 소외는 늘 이렇게 온다

올레 담구멍으로 숨어서 내다 보던 바다
억압을 피해 동굴 속에 숨어서 내다 본 바다
말 테우리에서도 한 마을 한 가족이 공동으로
다 함께 경험하고 짓눌렀던 바다
멋 모르는 육지부 사람들이 들어오면
슬픈 유산으로 감귤농장과 돌과 바람과
여자를 들추지만
이 유산은 상속받고 싶지 않다는 데
그 슬픔이 있다

제주여, 이 바람과 돌과 여자 말고
또 어떤 슬픔을 팔 수 있을 것인가.

* 제주 바다는 소리쳐 울 때가 아름답다 : 김순이의 시집 이름.

지삿개 주상절리대

자연 미술관에도 설문대 할망의 인장은
필요했던 것일까
지삿개 해안 절벽에 서면
인장들 수부룩이 쌓여 있다
추사가 이곳을 지나다 보고
180개의 인장을 새길 생각을 했던 것일까
어쩐지 그분에게 뺨맞을 일을 한 것 같다
무소뿔, 코뿔소 아니면 코끼리 상아로 다듬어 놓은 듯
이 인장들을 보관하고 간직할 수 있는 분은
아무래도 스스로 낙관을 찍은 그분밖에 없는 것 같다
녹산장이나 대록산장 수산평을 두른 산마장山馬場의 잣성이나
올렛길의 밭담이나 골목골목을 두른 집담 등
설문대 할망이 누비고 다닌 5천 5백리 길을
누구는 환해장성環海長城, 흑룡만리*라고 표현했다
화산이 남긴 돌, 돌이 없었으면 제주는 문화도 없고
이런 인장도 찍히지 않았을 텐데 그렇다면
제주는 제주답지 않아 어쩔 뻔했었나

* 180개 인장 : 추사의 낙관
* 환해장성環海長城 흑룡만리黑龍萬里 : 환해장성은 바닷가를 두른 돌담이고 흑룡만리는 한라산의 산담, 밭담, 마을담, 올레길을 두른 담인데 중국의 만리장성에 버금간다해서 붙여진 이름이다. 환해장성의 대표적 돌담은 화북항을 둘러친 돌담이 그 대표적인 담벼락이다.

명지바람나들가게

사월의 명지바람*이 분다 유채고장*이 흔들린다 밭담
너머 태왁*을 타고 바다가 되똥거린다 숨비 소리에
어디서 날아온 나비들일까 빨강 모자를 쓴 아이들 몇이
캠버스에 진한 물감을 풀고 있다
 이런 봄날은 이런 풍경만을 보는 것으로 나는 주눅들고
까닭없이 카메라에 그림을 담는 부끄러움이 있다 지겹게도
굶어 먹었던 춘궁기, 초련*이라 해서 유채油菜를 지름나물
평지나물이라 불렸던 시절이 있었다
제주 관광여행 1호 상품으로 유채를 가져온 것은 아마도
육종학의 대가 우장춘 박사였고 토박이 김남운 선생이 서울
농대 촉탁으로 있었는데 큰 사건이 휩쓸고 간 다음 처음 씨를
뿌렸다고 한다
김남운은 서귀포가 낳은 시인 고 김광협의 부친인데 5만평의
귤농장에 들어가 귤꽃을 따면서 토평리의 집에서 친구로부터
들었던 이야기다
그때부터 제주는 나에게 나들목 가게로 명지바람 결이 살랑이는
길이 되었고, 쪽빛 세상이 열리는 환한 바닷길이 되었다

* 명지바람 : 꽃샘바람 다음에 오는 봄바람.
* 고장 : 꽃(제주어).
* 태왁 : 뒤웅박.
* 초련 : 춘궁기의 먹을거리(풋바심).

잠자는 돌
― 한림읍 금능석물원에서 · 1

누가 잠자는 돌을 깨우는가?
쇠창날은 돌 속으로 돌 속으로 스며들어
불꽃을 문 돌가루만 천지에 자욱하다
차디찬 피막皮膜 장곡臟曲을 드러내어
뜨거운 혼 팔딱거리는 새의 심장
핏줄이 돌아 한 여인의 형상을 짓다

구름 위를 흐르던 나비 몇 마리도 내려와
헤어 핀의 장식이 되고
오지랖에 붙은 나비 한 마리 그 심장 위의 브로치가 되다
누가 잠자는 돌 속에서
'돗통시깐에 앉아 똥 누는 여인'을 꺼냈는가
돌을 쪼던 명장은 이만큼 물러서서 지긋이 웃다

그날 밤이었다지 아마, 한 노인이
한 여인의 허리를 끼고 조각공원을
유유히 걸어나가는 한쌍의 연인들
이들을 지켜 본 것은
비명을 지르는 황구黃狗뿐이었다지!

어떤 사람은 화북항 등대 끝에서 노인과 여인을 보았다고 했고
어떤 사람은 완도행 쾌속정 뱃머리에서 보았다고도 하고……
명장은 가고 여인의 이름만 남았구나
누가 잠자는 돌을 깨우는가?

* 똥 누는 여인 : 명장 장공익(85세)의 작품, 제주 돌공원은 조천읍 돌하르방공원과 한림읍 금능석물원이 유명하다.
* 본 작품은 '피그마리온'의 희랍신화를 모티브로 한 것임.

봄날 · 1

제주의 사월은
햇빛이 명주 올같이 풀린다

씨 감자를 들이러 간
어멍은 아직 돌아오지 않고
물 파랑 너머 숨비소리
책함*진 하우장각시*도
바닷가 너럭바위에 나와
까무룩
잠이 들었다

* 책함 : 책상.
* 하우장각시 : 선비.

봄날 · 2

일기가 순조로운 것이
바닷가에선 풍장굿이 한창이다
딸아이를 앞세운 영등할미가 돌아가나 보다
심방 하나가 손에 든 도한생 꽃을 흔들며
돼지머리 상床 앞에서 자지러진다
도환생 꽃은 산당화山茶花, 세경본풀이에 나오는
자청비의 꽃
물 갈릴 때 보니
보말과 굼벗 딱지 조개들이
바위에 따닥따닥 붙어 있다
띠배를 탄 영등할미 에움길
예감하듯 봄비가 온다

* 산당화 : 산동백꽃.

4부

작은 상징

큰 상징은 한 시대의 정신을 찌르고, 작은 상징 하나는 삶을 바꾸어 놓는 시침時針과 같다. 그러므로 큰 상징은 종교와 철학에 있고 작은 상징은 시詩의 언어 속에 있다. 그건 가을날의 느릿한 괘종掛鐘소리와 같이 언어의 오묘한 그늘 속에서만 들린다. 그늘을 갖지 못한 시詩, 그늘을 갖지 못한 삶, 그늘을 갖지 못한 사랑은 푸석거리는 먼지와 같다. 박새가 나무 그늘 속에 집을 짓듯 내 영혼 속에 아늑한 집을 친다. 물 같이 맑은 꽃, 어젯밤은 우편함 속에서 인디언 염색법 삼베올로 짜낸 씨앗 묻은 꽃베개 하나를 꺼내다 잠을 잤다. 숨비기꽃이 가득 피어 있었다. 제주해협의 여름에만 피는 꽃 잠수질에 멀미나면 귀를 씻고 눈을 씻고 머리에 족두리 화관처럼 뜨는 생꽃이다. 꽃이 마르면 마른 꽃을 비벼서 베갯솜으로 시집갈 때 가마 속 놋요강에 숨겨가는 꽃, 어머니가 딸에게 은밀히 건네어주는 유가풍의 금서琴書와 같은 꽃이다. 숨비소리 숨찰 때도 푸른 물굽이 남실남실 실어 놓고, 물 밑 저승바닥까지 비추어보라고 연보라색 등燈 이승의 갈옷 썩은 육신, 냄새까지도 탈취해가는 영혼으로만 투명한 꽃이다. 어젯밤 나는 푸른 이불 한 자락 끌어 덮고 이 투명유리꽃으로 저승까지 내려갔다. 제주 시인 김 선생이 보내준 숨비기꽃 베개 하나, 이 세상 멀미 끄고 곱게 살다 뒈지라고 한 땀 한 땀 바느질 수 끝에 바코드 같은 그녀의 문신文身, W자 하나가 물허벅지럼 촐랑대며 파도소리 내고 있었다. 아니 생인손의 부종 끝에 닿자 피고름이 쏟아지며 금방 생살로 차올랐다. 서귀포 칠십七十리 해변 절벽마다 저승에서 다시 살아온 피죽새 울음이 해인海印처럼 찍혀서 해인海印 삼매경三昧境으로 내 베개 하나를 적시어 가득 물들고 있었다.

고사리장마

봄비가 부슬거리면 슬쩍 비행기를 타고 싶다
서널*만 봄비가 부슬거려도 고사리장마 철이라고 말한다
ᄉᆞ낭*은 ᄉᆞ낭들끼리 비발애기*는 비발애기들끼리
나물구덕을 짊어지고 어멍은 어멍들끼리
오름 오름을 넘는 모습들은 탐라 제1경의 봄 경치였을 듯하다

그마들 틈에서 나도 살가운 고사리 한쿨 꺾고 싶다
"산이 강(가서) 고사리 꺾어당 옴대산이*
개미장*에 춤지름*이나 훗술* 비추민*
맛이 기미훈게* 괴기 반찬 주엉(주어도)
아니 바꾼다"

중산간 마을마을이 머흘 구름 속에 피고
"고사리 호영 먹을 썼지"
(고사리 하나 삶아 먹을 일 있다)
한 날 한 시 젯날도 떼과부 울음도
그 고사리 순 속에는 다 들어있다

고사리장마가 끝나기 전 나도
선뜻 비행기에 오르리라
옛 녹산장에서 대록산장까지
말 몰이꾼들 말을 몰던 그 국영목장 잣*을 따라
또 햇고사리 꺾는 사람들 줄을 잇겠다.

* 서널 : 사나흘
* 스낭 : 총각
* 비발애기 : 처녀
* 콥대산이 : 마늘
* 개미장 : 된장
* 춤지름 : 참기름
* 훗 술 : 조금
* 비추민 : 넣으면
* 기미 흔 게 : 개미가 있는 것이
* 잣 : 몽골시대(원)에 수산벌 수산평에 들어선 탐라 목장에 이어 조선시대 세종 때에 한성부윤 고득종(제주출신)의 건의에 따라 국영목장으로 제도화했다. 목장을 둘러 쌓았던 담을 잣(성)이라 부른다.

이장移葬

k 화백으로부터 전화가 왔다
오늘 잘 아는 친구의 밭담 안에서 이장이 있으니
같이 가 보자는 전갈이었다
우리가 도착했을 때는 송당 목장 부근의 밭담 안에서
심방굿이 한창이었다
무덤 주위는 왼손새끼줄이 둘러쳐져 있었고
좋은 산터(묘지)로 옮기는데 거기에 납골당을 지었다는
지관의 고유체 축문이 있었다

와흘리 본당 무슨 심방이라는데
무덤 주위를 돌며 생불꽃(동백)을 손에 쥐고 흔드는
그 사설이 자못 구슬프고 생풍맞다

도령아 문도령아/ 무슨 꽃으로 문지르랴/
황천이 문 앞이라는데/ 서천꽃밭이 몇 만리더냐/
뼈살이꽃으로 문지르랴/ 도환생꽃으로 문지르랴……

소지를 하고 제물을 걷고 토룡(봉분)을 허물고
유골을 파낸 무덤 자리에 날계란을 묻고
버들가지를 심는 심방이 또 한번 거품을 문다

k 화백의 말에 따르면 주인은 4·3때 희생된 생령인데
묘를 이장할 때 생령이 놀라지 말라는 뜻이란다
계란은 생령이 있어도 눈을 못 뜨니 뒤를 돌아보지 말고

가라는 뜻이란다, 또 버들가지 회초리는 나쁜 귀신을
때리는 액막이란다

'몽골 어느 지방에선 닭을 날려 떨어진 자리에
돌담을 얹어 토롱을 만든다는 말을 들었는데
거기에서 온 풍습인지 모르겠고, 버들가지는
양수척楊水尺들의 습속이 묻어왔는지도 모르겠고……'

나는 드디어 답답함 끝에 불만을 내뱉지
않을 수 없었다
그런데 요즘은 왜 자꾸 납골당을 고집하지요?
k 화백도 엉뚱하다는 듯 그것이 대세라는 듯
어깨를 추슬러 손짓을 했다

고향

고향은 멀리 있어야 보이고
집은 멀리 갈수록 가까운 것

캄캄한 숲 너머
모닥불빛 젖어내리는 서북항로
아그라 아그라 마을에 가서 비로소 생각키는
내 사는 조그만 마을
왔다메!
문둥아 내 문둥아 니 참말로 왔구마!
그 말 듣기 좋아
그 말 너무 서러워

아 가만히 불러보는 어머니

솥단지 안에 내 밥그릇 국그릇
아직 식지 않고
처마 끝 어둠 속에 등불을 고이시는 손
그 손 끝에 우리의 신神은 숨쉬고
허옇게 벗겨진 맨드라미
까치 대가리
장독대 위에 내리는 이슬
정화수 새로 짓고

나의 신은 늙고 태어나고
새새끼처럼 조잘댄다

향전梅
― 拔齒說話

유도화柳挑花가 만발하여
제주도의 여름은 서늘하더니
어느덧 풍설 속에 향전매 한 그루 피어
그 향기 물길 천리를 타고 간다

애랑愛娘아 이 겨울날
너는 어디에 나비같이 숨었느냐
너를 찾아 해변 곳곳 마을 다 뒤져도
불 같은 사랑 퍼부을 계집 하나 없더니

情으로 말하면 이 세상 마지막
내 시린 이빨 네 족집게로 모두 뽑아놓고
닛뮤움 하나로 사랑한다 사랑한다
네 입술 위에 찍고 싶었는데

비장놈들 줄줄이 허리에 꿰차고
한번 뭍으로 가선 소식 없던 너
이젠 금니빨 몇 섬이나 짊어지고 와
저 모슬포 쪽 바다에 뿌려대며
동박숲에서 지저귀는 동박새가 되어 우느냐.

나는 향전매 독한 향기에 코피를 쏟으며
천년을 살아도는 장승이 되어
너를 찾아 눈발 속을 헤매는데

愛娘아 이 겨울날
너는 어디에 나비같이 숨었느냐.

* 애랑愛娘 : 배비장전에 나오는 기녀.

歲寒圖

먹붓을 들어 빈 공간에 선을 낸다
가지끝 위로 치솟으며 몸놀림하는 까치 한 쌍
이 여백에서 폭발하는 울음……

먹붓을 들어 빈 공간에 선을 낸다
고목나무 가지끝 위에 까치집 하나
더 먼 저승의 하늘에서 폭발하는 울음……

한 폭의 그림이
질화로같이 따숩다.

따뜻한 손

한 방울의 물이
신선한 우유가 되고
황홀한 毒이 되듯이
며칠째 서귀포에 오는 눈 속에서
밀감들이 익고 있는 것을 보았다
그것은 어느 따뜻한 손이
한밤중에도 길을 내어 주는
등불과도 같은
우리들의 사랑이라는 것을 알았다

서귀포에 한
천년쯤 오는 눈이
키 큰 삼나무 숲 하나를 적시고 적시어
뿌리째 흔들어 놓는 것을 보았다
부드러움은 결코 차거움이 아니라
따뜻함이며 그것은 스며들고 스며들어
끝없이 포옹하는 일이라는 것을 알았다

한라산 가까운 데서는
비자림의 숲이 무너지는 소리를 자주 들었는데
처음 정방폭포에 섰을 때
바다로 가벼운 물방울들이 풀어지는
아름다운 그 소리와 같았다
그것은 또한 산굼부리의 분화구 침묵을

산갈대들의 몸놀림이 조금씩 풀어내는
原始의 생음악과도 같았다

부드러움 하나가 지우고 가는
아름다운 모습들 앞에서
나는 서귀포의 따뜻한 눈이 되고
물방울들이 되고
삼나무 숲과 저 비자림의 숲을 무너뜨리는
부드러운 힘이 되어
소정방의 찻집 벽난로 앞에서
고독한 얼굴을
불꽃 그림자에 묻으며
이 세상 한없이 젖은 손들을 그리워하였다

동굴의 우화

동굴 속으로 짠 소금 같은 11월의 바람이 스민다

입구쪽에 이중삼중 거적을 둘러쳐도
뼛 속에 스며든 한기는 얼음막대기 같다

둥그런 불빛에 얼굴들이 신화 속 주인공들처럼 떠오른다

새시방*도 가시어명*도 삼촌*도 망다리 잠녀*도
좁쌀 풀때기를 먹은 밤

빗개* 선 무장대의 외마디 비명이 들리자
굴 밖으로 나온 사람들이 산 아래 불타는 마을을 본다

어미 돗*이 돗새끼들 낳았을 거라고
마을로 내려간 할망은 밤이 깊어도 오지 않는다

저 닿을 길 없는 수평선 발밑으로 입을 벌리고 드러난
전설 같은 동굴 하나

* 새시방 : 새시방.
* 가시어멍 : 장모.
* 삼촌 : 촌수 따지기 어려운 먼 친척 어른을 남녀 구별 없이 흔히 부르는 호칭.
* 망다리 잠녀 : 늙은 해녀.
* 빗개 : 망 보는 사람.
* 돗 : 돼지.

너분숭이 봄을 부르는 민들레

별에서 온 정령들인가
흙을 품은 생령들인가
빙의로 피어 다시 살아난 꽃들인가

밭담을 둘러 놓은 초빈골 너분숭이 돌담 밑에 주저앉아
어떤 외국인은 코리언 킬링필드라고
자랑스럽게 이야기 하고 가지만
우리는 차마 부끄러워 입 담을 수밖에 없다

그래, 그저 연자방아 소리 들리는 메기 동산이라고
옹알이 할 수밖에 없구나
1948년 443명이 불타버린 마을
북촌리 올레길을 돌아오다 만나는 영아와 유치아들 생매장한 너분숭이

제주 흰 수선화가 그 돌담 밑에 소복단장하고 피었다
그 흰 치맛자락 아래 어디서 날아온 씨앗들인가
봇뒤창옷* 노랑저고리 입은 채 주저앉아 옹알이하는 민들레꽃들
안개에 쩔어 끈한 젖비린내 흥건하다
무심찮아 젖빨리는 시늉하며 찾아든 나비 한 마리
다독이며 한낮의 봄을 부른다

이 세상 어디 가서 옹알이하는 꽃 다시 만나 볼 수 있으랴

---

* 봇뒤창옷 : 배냇저고리.
* '북촌리 너분숭이 4·3 위령성지', 1948년 토벌대에게 사라진 주민 1만 5천명, 미확인 희생자 1만 5천명, 28만명 중 3-4만명이 사라졌다.
* '1951년 1월 21일, 거창양민학살', 거창양민학살사건은 군경에 의해 719명이 희생, 그 중 500명이 넘는 어린 아이들이 생매장 되었다. 이는 코리언 킬링필드 제2호라 호명할 수 있다.

화가 이중섭의 방

된장국은 뚝배기 맛이라는데
서귀포에 오면 진주식당의 오분자기
뚝배기라야 제 맛이 난다
오매기 술 한 잔 걸치고 화가
이중섭 미술관으로 내려간다
6·25 피난지 이곳에 와서
화선지가 없어 담배갑 은박지를 뜯어 그렸다는
게 그림이며 흰 소 울음 소리 따라 어린 새끼들 데불고
그는 서귀포 앞바다를 지나 어디쯤 가고 있을까
흰 빛은 초월의 세계 영원을 꿈꾸는 색이라는데
한라산의 칡소는 검은색이었다는데
인도양을 지나 설산에 숨어산다는 흰 암소 따라
가고 싶었던 것일까
창문으로 내다 보이는 섶섬에서 뒤집히는
흰 포말이 *마사코를 찾아 떠나는 날의 빈 방,
된바람에 날아간 은박지처럼 구겨져 펄럭인다

* 마사코 : 이중섭의 부인, 한국 이름은 이남덕(현재 일본에서 살고 있음. 94세).

까마귀쪽나무숲

잣구실밤나무가 가로수였고
유도화가 피어 밝은 풍경을 덧칠하듯이
제주의 텃새는 까치가 아니라 까마귀였습니다
구럼비 마을*의 그 낭 절벽을 덮은 숲은
까마귀쪽나무라 불렸습니다
중산간 지방을 돌다보면 까마귀떼와 까치떼가 한바탕
하늘에서 공중전을 치르는 것을 볼 수 있습니다
까치는 까작까작 악바리로 울지만
까마귀떼는 한 마리씩 흩어져 가며
깍-깍- 슬픈 소리로 웁니다
텃새가 이국종 까치떼에게 밀려난 것이지요

4·3 이후는 굅시*든 날이 부쩍 많아져서
그때 올레 담장에 걸명*을 뿌리면
까마귀 세 마리가 와 걸명을 먹었습니다
굅시를 잘 받들었다고 온 가족들의 얼굴이 환해졌는데
지금은 까치가 대물림으로 그 일을 맡아 찡그러집니다
들리는 말에는 아시아나 항공이 취항하면서
까치 200 쌍을 기념품으로 들여 온 것이
이런 괴변을 낳았다고 합니다
밀감밭이 그렇고 말목장 하다 못해
구럼비 까마귀쪽나무 숲이 다 무너지고 없듯이
이젠 제주의 하늘이 하늘이 아닙니다.

* 구럼비 마을 : 해군 기지가 들어서는 마을(구럼비는 까마귀쪽나무).
* 굅시 : 제사.
* 걸명 : 젯날 아침 담장에 뿌려 놓은 물밥.

마지막 테우리

소 떼가 마을로 돌아가기 전
흰 눈이 비치는 제주의 11월은
초원지대에 여기저기 떠오른 건초더미들이
멀리 지평선에 떠오른 오름 오름 같다

풀을 모으다 일손을 놓은 노인과 함께
건초더미를 깔고 앉아 듣는 이야기
그 풀더미들이 말라가는 향기 속에
아련한 추억들이 떠오른다고 노인은 고백한다

…저 소 떼들을 보십시오
한때는 마을 소 120여 마리를 도맡아 기르는
테우리 그 시절이 좋았던 거 같아요
저는 지금도 그 120 마리 소를 다 기억한다구요
우걱뿔, 송낙뿔, 일자로 뻗은 뿔, 위로 곧게 치솟은 뿔
그리고 그 엉둥이에 불인두로 찍힌 ★자 모양의 표적들
그 말 끝에 노인은 소를 잃어 애먹었던 이야기를 들려 주었다
생후 2개월 짜리, 송아지를 잃었다가 2년 후 한라산 너머의
어느 목장 소떼에 붙어 있는 걸 우연히 지나가다 찾아낸 적이 있었지요
그 사이 몰라보게 커버렸지만 꼬리에 찍힌 흰 털점이
아무래도 낯익어 궁둥짝 털을 면도칼로 밀어내니 과연
거기에 찍힌 낙인이 틀림없더라구요

또, 한번은 한밤중 도둑에게 끌려가는 송아지를 도중에서

빼앗은 경우였지요. 그날 밤 서리만 안 왔더라도
아마 송아지를 못 찾고 말았을 테지요 테우리 안까지
살피다가 멀리서 들리는 소울음 소리를 들었지요. 골짜기를
내려간 서릿발자국을 따라 갔더니 소롯길에서 벗어난
큰 바위 아래였어요, 두 놈이었어요, 막 소를 도살하여
고기를 운반하려고 서두르는 찰라였어요
혼자서 어찌할 수 없어 꾀를 내어 '어이, 태문이 너도
들었지, 틀림 없이 요 근처여! 새끼들 여기 숨은 게 확실 해!
자, 몽둥이를 단단히 잡으라구!
이 소리가 끝나기 전에
두 놈은 화다닥 놀라 내빼는 거였어.

지금은 마을 목장이 아닌 개인 목장에 붙어
풀 걷는 일을 돕지만
그때는 며칠 만에 잃어버린 암소가 송아지를 달고 쇠막 안으로 들어서기도
했고, 서귀포쪽 목장에 붙어간 그쪽에서 우리 마을 소 찾아 가라는
기별이 오기도 했는데 그 시절이 좋았구먼요!

마른 풀 사르는 향기 속에 정당벌립을 벗은 노인의 머리칼은
어느 새 늦가을 풀밭처럼 마르고 그의 목소리는
샘물통의 밭은 물소리같이 간간히 끊기기도 했다

* 4연은 현기영의 소설 「마지막 테우리」에서 대화체는 인용하였음.

결7호 작전과 토코타이神風隊 1번지 송악산

왕벚꽃 태생지는 제주도인데
일본으로 건너가 사쿠라가 되었다

확 피었다 확 져버리는 꽃눈보라속
남국의 따뜻한 바람이 부는 거리
나는 지금 그 4월의 잔인한 거리를 걷는다
벚꽃들은 봄바람 속에서 무리지어 자진한다
태평양 함대의 함상艦上으로 끝없이 추락하는
야광충 같은 저 소년병 가미가제 특공대들을
보는 것 같다

안개 속 알뜨르 비행장 해변도로를 따라
송악산을 다시 거슬러 오른다
결7호 작전 명령에 의해 관동군 121 사단이
1945년 6월 이동해 왔고, 구멍 뚫린 절벽들
송악산은 결7호 작전의 1번지 토코타이들의 병참기지였다

알뜨르 비행장에는 1937년
난징을 폭격한 오무라 해군 항공병대가
주둔해 있었고
히로시마 원폭투하가 없었더라면
제주도는 태평양으로 끌려나가는 제2의 오키나와 같은
개 목걸이가 되었을 것이다

송악산 정상에 올라가 캄캄한 절벽을 내려다본다
온몸에 소름이 끼치고 가시가 돋아 견딜 수가 없다
바람은 늘 그쪽에서 불어오고 있음을 알았다

* 결호決號 작전 : 연합군의 일본 본토 공격을 방어하기 위한 작전으로 홋까이도(결1호 작전), 동북(결 2호), 관동(결3호), 동해(결4호), 중부(결5호), 규슈(결6호), 제주도(결7호), 일천황의 항복으로 결7호 작전은 사실상 종지부를 찍었다.

애월

이 언덕에 서면 밤새도록
사라봉 능선을 걸어온 달이 중천에 걸린다
좀생이별 같은 여자들이 한숨 속에서 가꾸어 온 땅
씨아를 돌리고 무명씨를 까뱉고 봇뒤창옷(배냇저고리)을 깁고
바람 속에 메밀 씨앗을 뿌려 모물자배기(메밀수제비)를 끓이고
빙떡을 말아 굅시 든 날 아침 식개 먹엉
이웃들을 청해 반기를 돌리고 느름국을 먹는다
먹감물 갈옷을 입어 바다 물빛같이 아름다운 사람들
나는 서울에서 한 시간 반 비행기를 타고 달을 보러 온다
고향은 멀리 있어 더 가까운 것
사라봉에 지는 달 그림자 속 옥토끼 방아 찧는 내 누이 둘
그때 *광 넓게 굴 속에 갇혀 불타 죽었다
또 고사리 장마가 오려나 보다 달무리가 진다
누이들이 손잡고 걸었던 올레길이나 골목길 돌담들의 눈부신 햇빛
환해장성環海長成 흑룡만리 그 옛 국영목장이던 시절
상잣 중잣 하잣 중산간 밭담길을 따라가며
살진 고사리 꺾엉 화물칸에 한 포대기째 싣고
한 날 한 시에 죽은 누이들이 살았던 집을 찾아간다

* 광 넓게 굴 : 서광, 동광리 부근에 있는 동굴.

이어도

당 5백 절 5백이란 말은 무슨 뜻인가
신격과 무격으로 신화를 삼킨 섬
영실 5백 나한으로도 부족해
절 5백이란 또 무슨 말인가
해변 곳곳 마을 선홍 깃발이 펄럭이는 집은
틀림 없는 점집들이다
점집들과 절집들은 의좋은 사촌뻘 쯤 되는 걸까
점을 해다 절에 가서 공을 드리고
시왕굿 용굿을 하고 재를 지내고 오는지
당구덕을 짊어진 아낙에게 길을 물어도
절대로 입방아를 놀리는 법이 없다
올해는 갑오년 청말 띠 해라는데
저 점집에 들러 점괘 하나 놓고 운수대통 할꺼나
깽당깽당 마불림굿이나 한바탕 칠거나
앞물결 뒷물결 뒤웅박이 실리듯 띠뱃놀이
오도동 *건벽청야建壁淸野 작전*때 불타버린 마을들을 찾아
이어도나 한번 다녀올꺼나
선흘리 서천꽃밭 꽃감관이 되어 도환생꽃이나 꺾어 올 꺼나
봄이 되면 생불꽃 씨앗이나 얻어다 심어 볼 꺼나

* 건벽청야建壁淸野 작전 : 중국공산당을 소탕하기 위해 장제스가 쓴 전술. 빨치산을 소탕하기 위해 지리산과 한라산에서도 동시에 썼던 작전, 눈밭을 쓸어내리는 작전을 백야白野작전, 또는 쥐잡이 작전이라고도 했다.

서천꽃밭

메인 심방에 고삐매어 무구巫具를 짊어지고 40년
모둠발로 빗갓쓰고 신장대를 세우면
4·3때 죽은 귀신들 오글오글
내 한 치마폭에 다 감싸안을 수 있으려나

오늘은 서천꽃밭에 나가 물을 주는 날
어인 심방도 가고나면
그 물통桶은 또 누가 나르나

도환생꽃으로 문지르면 숨이 돌아오고
피살이꽃으로 문지르면 죽은 넋들 돌아오려나
도령아 문 열어라 문도령아* 문 열어라
꽃 감관 세경 할망 들어가신다
한라산 바람꽃도 제주 왕나비도 모두 한 꽃잎에 앉았구나

무자년 그날 제주항에서 한밤중
열 트럭에 5백 명 생사람 잡아다
한 배 가득 싣고 나가 수장시킨 생목숨들
그 원귀들 찾아 넋건지기 우리는 대마도까지 물길 따라 흘러가
식기食器에 흰 줄 매달고 천 길 물속까지 뛰어들어
너희들 썩지 않은 눈썹 머리칼 건져다
서천꽃밭 생불꽃으로 피웠으니
이젠 넋들임 이 꽃밭에 돌아와 모두 살아라

>

　　도령아 문 열어라 문도령아 문 열어라

　　메인 심방도 늙었고 어인 심방 하나

　　제주항 서부두에 나와 십만톤급 화물선

　　백만톤급 잠수함 굴뚝에서 피어 오른 연기

　　어질머리로다 어질 멀미로다

　　도령아 문 열어라 문도령아 문 열어라

　　우리 그날처럼 서천꽃밭에 돌아와

　　모두 살아야 옳거니

　　어인 마니*도 가고나면

　　저 굴뚝의 검은 연기는 또 누가 끄나

　　도환생꽃 흐드러진

　　서천꽃밭의 물통桶은 누가 나르나

　　* 어인 마니 : 메인 심방에 따른 새끼 무당.
　　* 세경할망 : 한라여신들 중 와흘본당 본풀이에 나오는 일명 자청비(제주 농경문화의 신임), 문도령
　　　　은 그의 애인.

숨비기꽃 사랑

칠월의 제주 바닷가 숨비기꽃
숨비기꽃 피어나면
섬 계집들 사랑도
피어나리

작열한 햇빛 입에 물고
전복을 따랴, 미역을 따랴
천 길 물 속 물이랑 넘는
저 숨비기꽃들의 숨비소리

아직 바다가 쪽빛이긴 때이르고
오명가명 한 소쿠리씩
마른 꽃을 따다가 배갯솜을 놓는
눈물 끝에 비친 사랑아

그 베개 모세혈관 피를 맑게 걸러서
멀미 끝에 오는 시력을 다시 회복하고
저승 속까지 연보라 燈을 실어놓고
밝은 눈을 하나씩 얻어서 돌아가는

시집갈 땐 이불 속에 누구나
藥베개 하나씩 숨겨가는
그 숨비기꽃 사랑 이야길 아시나요.

송수권 시인 프로필

출생 : 1940년 3월 15일생. 전남 고흥군 두원면 학림1297에서 출생 아호 평전平田

데뷔 : 1975년 『문학사상』 신인상 「山門에 기대어」 등이 당선되어 등단.

학력 : 고흥중, 순천사범 서라벌예대 문창과 졸업.

수상 : 1975년 문공부 예술상(광복30주년기념 민족 장편서사시 부문)
1987년 전라남도 문화상
1988년 소월시문학상
1990년 국민훈장 목련장
1993년 서라벌문학상
1996년 제7회 김달진문학상, 광주문학상
1999년 제11회 정지용문학상
2003년 제1회 영랑시문학상
2005년 월간 김동리문학상
2008년 제1회 한민족문화예술대상, 지리산 인산문학상
2010년 만해님시인상
2012년 제8회 김삿갓문학상
2013년 순천문학상, 구상문학상 이상 총16개 수상.

시비 : 1. 화엄사 경내 시의 동산에 「山門에 기대어」 입비
2. 전북 부안읍 매창공원 (기생공원)에 「이매창의 무덤 앞에서」
3. 고흥군 두원면사무소 광장 「고향」
4. 고흥군 금산면 금우동산 「젊은 날의 초상」
5. 고흥 어린이동산 김연수 찬 시비 「마치산이여 이 종줄을」
6. 고흥문화예술회관 「제석탑 시」
7. 장흥 장평 계명성문학공원 「시골집 또는 술통」
8. 해남군 땅끝 시비공원 「땅끝 마을에서 부르는 노래」

9. 충남 옥천 정지용문학공원「눈 내리는 대숲 가에서」
10. 충남 천안 목천 시마을「적막한 바닷가」
11. 강원 영월 김삿갓 문학공원「새벽은 부엌에서 온다」
12. 광주광역시 서구 금호중 뒤 푸름 어린이공원「우리들의 사랑 노래」
13. 고흥군 포두면 마복산 목재 체험장 시비 등 건립 됨.

시집 : 1. 제1시집 『山門에 기대어』(문학사상사)
     2. 제2시집 『꿈꾸는 섬』(문학과 지성사)
     3. 제3시집 『아도』(창작과 비평)
     4. 제4시집 동학혁명 서사시집 『새야새야 파랑새야』(나남)
     5. 제5시집 『우리들의 땅』(문학사상사)
     6. 제6시집 『자다가도 그대 생각하면 웃는다』(전원)
     7. 제7시집 『별밤지기』(시와 시학사)
     8. 재8시집 『바람에 지는 아픈 꽃잎처럼』(문학사상사)
     9. 제9시집 『수저통에 비치는 저녁노을』(시와시학사)
     10. 제10시집 『파천무』(문학과경계사)
     11. 제11시집 『언 땅에 조선 매화 한 그루를 심고』(시학사)
     12. 제12시집 장편서사시집 『달궁아리랑』(종려나무, 2010)
     13. 제13시집 『남도의 밤식탁』(작가, 2012)
     14. 제14시집 『빨치산』(고요아침, 2012)
     15. 제15시집 『퉁』(서정시학, 2013)
     16. 제16시집 『사구시의 노래』(고요아침, 2013)
     17. 제17시집 『허공에 거적을 펴다』(지혜, 2014)
     18. 제18시집 『흑룡만리』(지혜, 2015)

참고 자료편
— 고흥군의회 제출 자료 —

1. 교과서 수록 시편 : 1). 산문에 기대어 2). 지리산 뻐꾹새 3). 대숲 바람소리 4). 세한도 5). 묵호항 6).여승 7). 까치밥 8).며느리밥풀꽃 등
2. 대입수학능력시험 및 고등학교 학력평가 등에 출제된 시편
 -. 2003년 전국 고등학교 학력 평가시험 「산문에 기대어」등 10여 회
 -. 2010년 대학수학능력시험 「지리산 뻐꾹새」
 -. 2014년 9월 고등학교 전국 연합학력평가문제 시험에 「까치밥」 출제됨
3. 대학원 송수권 시인 연구 석, 박사 논문자료(국회도서관) 20여 편 등
4. 송수권 시문학상 제정 : 2015년 1월(고흥군청) / 박병종 군수
5. 송수권 시인 개인 영상(다큐)자료
 -. 40년 문단 생활 중 KBS, MBC, EBS, SBS 제작 방영된 문학 다큐멘터리 27편(CD 보관 중)에 이르고 있음.
6. 각종 문학관련 특강 출연요청(연평균 20회 등)
    전) 순천대학교 문예창작학과 교수 역임
    현) 한국 풍류문화연구소장
    현) 광주 풍류문학회 지도 교수
    기타) 국민훈장 목련장, 옥조근조훈장 서훈
7. 지역(고흥)을 위하여 남긴 실적
   1) 군(고흥)개설 이후 역사문학 문화를 소재로 한 시집 「사구시의 노래」
   2) 「고흥의 찬가」 작사
   3) 고흥 종합문화예술회관 건립기 및 제석시題石詩
   4) 김연수(어린이동산)국창 시비 등.
   5) 고흥 문화인물(김연수, 김일, 천경자, 목일신, 송수권) 등
   6) '고흥 송수권 문학상제정' 제1회 행사 2015. 11. 7 다큐촬영

송수권 대서사시집
차례

시인의 말　　　　　　　　　　　　　　　7

1부

신화를 삼킨 섬　　　　　　　　　　　10
흑룡만리黑龍萬里　　　　　　　　　　13
바람타는 섬　　　　　　　　　　　　15
당구덕　　　　　　　　　　　　　　20
순이삼촌　　　　　　　　　　　　　21
심방길　　　　　　　　　　　　　　22
당할미들　　　　　　　　　　　　　24
죽음의 트라우마　　　　　　　　　　25
사농꾼들　　　　　　　　　　　　　27
불타는 섬　　　　　　　　　　　　　29
빙떡　　　　　　　　　　　　　　　31
수눌음　　　　　　　　　　　　　　32
정낭 ―닫힘과 열림　　　　　　　　33
꽃놀이 패　　　　　　　　　　　　　34
탐라 개국을 엿보다　　　　　　　　36

2부

김굴산金窟山　　　　　　　　　　　　　　　40

구럼비 마을　　　　　　　　　　　　　　42

도둑맞은 인장　　　　　　　　　　　　　44

성읍 민속촌에서 일박　　　　　　　　　　45

산 노을　　　　　　　　　　　　　　　　47

바람이 현무암에 새기고 간 말　　　　　　48

사란결寫蘭訣 —대정골 추사관에서　　　　49

목호牧胡의 난　　　　　　　　　　　　　51

이재수李在守의 난과 드레물　　　　　　　53

설두　　　　　　　　　　　　　　　　　56

감 따는 아이들 —한림읍 금능석물원에서·2　58

조랑말을 타고　　　　　　　　　　　　　59

공중발사　　　　　　　　　　　　　　　60

곡두 —종마장種馬場에서　　　　　　　　61

굄시 든 날 아침　　　　　　　　　　　　62

3부

들꽃 세상 · 66
빌레못 사람들 · 68
춤 받이물 · 69
찜질방에서 · 70
가마오름 지하동굴 속에시 · 72
빗창시위 · 74
뒤웅박 · 76
우리들의 땅 · 77
중문 해녀의 집에서 · 79
관탈도冠脫島 · 80
슬픈 유산遺産 · 81
지삿개 주상절리대 · 82
명지바람나들가게 · 83
잠자는 돌 —한림읍 금능석물원에서 · 1 · 84
봄날 · 1 · 85
봄날 · 2 · 86

4부

작은 상징	88
고사리장마	89
이장移葬	91
고향	93
향전梅 —拔齒說話	94
歲寒圖	96
따뜻한 손	97
동굴의 우화	99
너분숭이 봄을 부르는 민들레	100
화가 이중섭의 방	101
까마귀쪽나무숲	102
마지막 테우리	103
결7호 작전과 토코타이神風隊 1번지 송악산	105
애월	107
이어도	108
서천꽃밭	109
숨비기꽃 사랑	111
송수권 시인 프로필	113
참고 자료편	115

지혜사랑시선집003

나　　태　　주

풀　　　　　꽃

도 서 출 판 지 혜

지혜사랑시선집 004

문 효 치

각 시 붓 꽃

도서출판 지혜

J.HCLASSIC001

최서림

물금

도서출판지혜

J.HCLASSIC002

나 태 주

꽃을보듯너를본다

도서출판지혜

지혜사랑세계명작선001

요코미츠리이치

봄은마차를타고

도서출판지혜

지혜사랑세계명작선002

앙투안 드 생텍쥐페리

어 린 왕 자

도 서 출 판 지 혜

지혜사랑 대서사시집 005

신화를 삼킨 섬
흑룡만리 黑龍萬里
송수권 시집

발　　행　2015년 11월 2일
지은이　송수권
펴낸이　반송림
편집·디자인　김지호
펴낸곳　도서출판 지혜
　　　　계간시전문지 애지
기획위원　반경환 이형권 황정산
주　　소　34624 대전광역시 동구 선화로 203-1 2층 도서출판 지혜 (삼성동)
전　　화　042-625-1140
팩　　스　042-627-1140
전자우편　ejisarang@hanmail.net
애지카페　cafe.daum.net/ejiliterature

ISBN : 979-11-5728-160-2　03810
값 20,000원

이 책의 판권은 지은이와 도서출판 지혜에 있습니다.
양측의 서면 동의 없는 무단 전제 및 복제를 금합니다.